위로받고 싶은 그대, _____ 에게

_____ 가 드립니다

그림책 꽃이 피었습니다

그림책 꽃이 피었습니다

아이에게 읽어주다 위로받은 그림책

박세리·이동미 지음

이야기공간

PREVIEW
엄마, 여자, 마흔을
위로하는 그림책 48권

Part 1

적당한 거리

전소영 글그림
달그림(노란돼지)

두 사람

이보나 흐미엘레프스카 글그림
사계절

쫌 이상한 사람들

미겔 탕코 글그림
문학동네

곰씨의 의자

노인경 글그림
문학동네

바람의 우아니

비올렌 르루아 글그림
곰곰

지하 정원

조선경 글그림
보림

규칙이 있는 집

맥 바넷 글
매트 마이어스 그림
주니어RHK

그들은 결국 브레멘에 가지 못했다

루리 글그림
비룡소

엄마의 초상화

유지연 글그림
이야기꽃

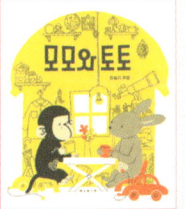

모모와 토토

김슬기 글그림
보림

울타리 너머

마리아 굴레메토바 글그림
북극곰

그래봤자 개구리

장현정 글그림
모래알(키다리)

PREVIEW
엄마, 여자, 마흔을
위로하는 그림책 48권

에드와르도 세상에서 가장 못된 아이

존 버닝햄 글그림
비룡소

뭐 어때!

사토신 글
돌리 그림
길벗어린이

홈런을 한 번도 쳐 보지 못한 너에게

하세가와 슈헤이 글그림
천개의바람

씨앗 100개가 어디로 갔을까

이자벨 미뇨스 마르틴스 글
야라 코누 그림
토토북

삐약이 엄마

백희나 글그림
책읽는곰

나는 사자

경혜원 글그림
비룡소

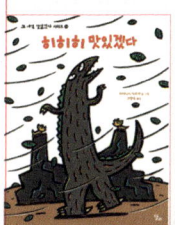

히히히 맛있겠다

미야니시 타츠야 글그림
달리

공원에서 일어난 이야기

앤서니 브라운 글그림
삼성출판사

* 《공원에서 일어난 이야기》는 현재 표지와 옮긴이가 개정되었다. 이 책에는 개정 전 그림책으로 원고가 작성되어 이전 그림책 표지 사진을 직접 촬영해 수록했음을 밝혀둔다.

짖어봐 조지야

줄스 파이퍼 글그림
보림

금요일엔 언제나

댄 야카리노 글그림
북극곰

가만히 들어주었어

코리 도어펠드 글그림
북뱅크

바다로 간 페넬로페

세마 시르벤트 라구나 글
라울 니에토 구리디 그림
책과콩나무

PREVIEW
엄마, 여자, 마흔을
위로하는 그림책 48권

Part 3

잃어버린 영혼

올가 토카르추크 글
요안나 콘세이요 그림
사계절

이까짓 거!

박현주 글그림
이야기꽃

아무도 사랑 안 해

김유강 글그림
오올

미스 럼피우스

바버러 쿠니 글그림
시공주니어

청바지를 입은 수탉

제시 밀러 글
바바라 바코스 그림
에듀앤테크

엄마랑 나는 항상 만나

신현정 글그림
씨드북

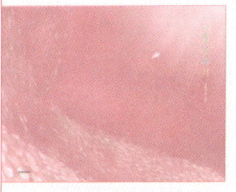

나를 찾아서

변예슬 글그림
길벗어린이

내 안에
공룡이 있어요!

다비드 칼리 글
세바스티앙 무랭 그림
진선아이

빨리 빨리 빨리!

클로틸드 페랭 글그림
책빛

복서

하산 무사비 글그림
고래뱃속

작은 꽃

김영경 글그림
반달(킨더랜드)

수박이
먹고 싶으면

김장성 글
유리 그림
이야기꽃

PREVIEW
엄마, 여자, 마흔을
위로하는 그림책 48권

Part 4

나의
두발자전거

세바스티앙 플롱 글그림
봄볕

달려!

다비드 칼리 글
마우리치오 A. C. 콰렐로 그림
책빛

밥·춤

정인하 글그림
고래뱃속

피파푸피파푸!

마리아 파수칼 데라토레 글그림
키즈엠

새가 되고
싶은 날

인그리드 샤베르 글
라울 니에토 구리디 그림
비룡소

오필리아의
그림자 극장

미하엘 엔데 글
프리드리히 헤헬만 그림
베틀북

헤엄치는 집

최덕규 글그림

국민서관

돌 씹어 먹는 아이

송미경 글

세르주 블로크 그림

문학동네

피튜니아, 공부를 시작하다

로저 뒤바젱 글그림

시공주니어

나의 독산동

유은실 글

오승민 그림

문학과지성사

중요한 문제

조원희 글그림

이야기꽃

버찌 잼 토스트

문지나 글그림

북극곰

프롤로그

쉽지 않은 어른살이, 오늘을 위로한 그림책

두 여자의 마음을 사로잡은 것은 '그림책'이었다. 텔레비전에 나오는 화려한 스타도, 몸값이 어마어마한 명품백도 아닌, 그저 아이들과 함께 읽던 책이었다. 동화책과 헷갈린 나머지 많은 사람이 그 이름마저 혼동하는 그림책에 우리는 어쩌다 반하게 됐을까?

그림책, 인연의 시작

2020년 4월, 두 여자가 만났다. 프리랜서 구성작가와 서평 전문기자였던 우리는 아이러니하게도 '글을 쓴다'는 공통점에서 조금 불편했다. 유사 직종의 사람을 만날 때 나도 모르게 분비되는 아드레날린과 긴장감 탓일까. 처음에는 사냥감과 최적의 거리를 견주는 맹수처럼 상대를 탐색하기 바빴다. 그런데 전혀 뜻밖의 지점에서 우리 사이에 흐르던 기류가 바뀌었다.

그때 우리는 좋아서 시작한 '글쓰기'에 꽤 지쳐 있었다. 생업이 되어버린 그 숭고한 작업은 순수했던 초심마저 바닥을 드러나게 했다. 여기에 프리랜서 '쓰기 노동자'들의 멘탈은 엄마와 아내라는 1인 2역까지 사수하느라 퇴근 후 벗어둔 스타킹처럼 너덜너덜했다.

하지만 무료하고 강퍅한 나날 속에 단비처럼 스며든 것이 있었으니 바로 그림책이었다. 아이에게 읽어주다 엄마인 우리가 더 크게 깔깔깔 웃거나, 왠지 모를 감동에 눈시울을 붉히거나, 예상치 못한 전개에 무릎을 탁 치는 순간이 있었다. 말하지 않아도 충분히 느낄 수 있는 그 짜릿한 공감대를 확인한 순간, 경계심은 무장 해제되고 말았다.

*

숀 탠의 《매미》는 우리가 그림책에서 글자 외에 그림도 읽어낼 줄 알게 되면서 가장 뜨겁게 본 책이다. 지금까지 그림책을 보며 고만고만하게 나누었던 두 사람의 의견이 《매미》의 클라이맥스에서 처음으로 극명하게 갈렸다. 답답한 양복을 벗고 날개를 펼쳐 하늘로 비상하는 매미를 보며 한 사람은 영화 〈슈퍼맨〉의 한 장면을 떠올리며 카타르시스를 느꼈다. 하지만 다른 한 사람은 현실도피를 은유적 표현으로 그림책에 박아냈다고 투덜댔다. 정답이 없는 그림책의 세계에서 마주한 관점의 차이는 유쾌했고, 나의 편견을 깨닫는 쾌감은 매우 강렬했다. 함께 보고 나눌 때 더욱 짜릿하게 느낄 수 있는 그림책의 유희와 정서적 만족감! 그래서 우리는 그림책에 빠져서 할 수 있었던 우리의 이야기를 쓰기로 결심했다.

때로는 그림책 작가의 의도에 충실하게, 때로는 자유롭게 질문하고 해석하며 우리만의 시선으로 각색한 스토리텔링으로 지난 2년을 함께했다. 두 여자가 그림책에 기대어 나눈 이야기는 '우리들의 러브스토리'이며 이 책의 원고로 기록되었다.

엄마, 여자, 마흔의 인생에서
'나'로 바로 서게 한 그림책 48권

이 책에는 나를 위로한 마흔여덟 권의 그림책을 '어른의 삶' '엄마 그리고 육아' '중년에 접어든 나' '성장'이라는 4가지 키워드로 분류하여 소개했다.

Part 1. '그림책이 어른살이를 위로합니다'에서는 살면서 필연적으로 마주치는 관계의 문제와 해결의 물꼬를 제언했다.

Part 2. '그림책이 엄마를 바꿉니다'는 맏이로 자라 외동을 기르는 엄마와 외동으로 커 쌍둥이 남매를 기르는 엄마의 애환과 통찰을 담았다.

Part 3. '마흔, 그림책에 기대어 쉬어갑니다'는 중년을 맞이한 두 여자의 삶에 찾아온 그림책의 의미에 관한 이야기다. 내면에 일렁임을 만들고 따뜻하게 '쉬어가도 괜찮다'고 말해준 열두 권의 그림책과 에피소드를 더했다.

Part 4. '그림책으로 더 나은 내가 됩니다'는 우리 심중에 진한 자국을 남긴 그림책 열두 권을 이야기한다. 못 가본 길에 대한 아쉬움을 털어내고 과거에서 배운 것으로 이룬 나의 성장과 미래에 대한 다짐을 보여준다.

그림책을 통해 엄마에서 여자로, 무엇보다 '나'로 바로 선 우리의 성장 이야기가 또 다른 어른, 바로 그대에게도 위안과 도전이 되길 소망한다.

나란히 꾸준히
박세리 이동미

차례

PREVIEW 엄마, 여자, 마흔을 위로하는 그림책 48권 ·· 4
프롤로그 쉽지 않은 어른살이, 오늘을 위로한 그림책 ·· 12

Part 1 그림책이 어른살이를 위로합니다

란의 이야기

서로에게 무례하지 않은 관계 ·· 23
《적당한 거리》+《곰씨의 의자》

결혼해보니 알겠습니다 ·· 31
《두 사람》+《바람의 우아니》

사소한 선의가 바꾸는 세상 ·· 41
《쫌 이상한 사람들》+《지하 정원》

준의 이야기

시간이 지나면 보이는 것들 ·· 49
《엄마의 초상화》+《울타리 너머》

작은 존재들의 파라다이스를 위하여 ·· 56
《그들은 결국 브레멘에 가지 못했다》+《그래봤자 개구리》

결혼생활에 로그인하셨습니다 ·· 63
《규칙이 있는 집》+《모모와 토토》

Part 2 그림책이 엄마를 바꿉니다

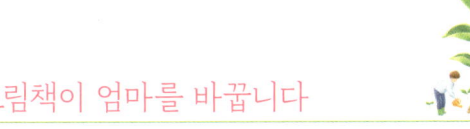

| 란의 이야기 | 아이에게 쉽게 하지 못했던 말 "뭐 어때!" ·· 73 |
| | 《에드와르도 세상에서 가장 못된 아이》 + 《뭐 어때!》 |

꽃마다 제 계절이 있다 ·· 82
《홈런을 한 번도 쳐 보지 못한 너에게》 + 《씨앗 100개가 어디로 갔을까》

삐약이와 니양이가 함께 빛날 때 ·· 91
《삐약이 엄마》 + 《나는 사자》

| 준의 이야기 | 부족하지만 특별하게 사랑해 ·· 101 |
| | 《히히히 맛있겠다》 + 《금요일엔 언제나》 |

동상이몽에서 이심전심으로 ·· 108
《공원에서 일어난 이야기》 + 《가만히 들어주었어》

아이들을 위해, 굿바이 매니저 ·· 115
《짖어봐 조지야》 + 《바다로 간 페넬로페》

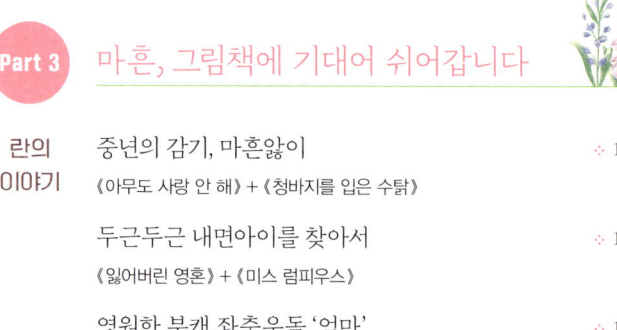

Part 3 마흔, 그림책에 기대어 쉬어갑니다

| 란의 이야기 | 중년의 감기, 마흔앓이 《아무도 사랑 안 해》 + 《청바지를 입은 수탉》 | ❖ 125 |

두근두근 내면아이를 찾아서 ❖ 133
《잃어버린 영혼》 + 《미스 럼피우스》

영원한 부캐 좌충우돌 '엄마' ❖ 141
《이까짓 거!》 + 《엄마랑 나는 항상 만나》

준의 이야기

마흔에 찾아온 사춘기 ❖ 151
《나를 찾아서》 + 《복서》

원두막 그늘이 필요한 순간 ❖ 158
《빨리 빨리 빨리!》 + 《수박이 먹고 싶으면》

나조차 몰랐던 내 안의 버럭이 ❖ 165
《내 안에 공룡이 있어요!》 + 《작은 꽃》

Part 4 그림책으로 더 나은 내가 됩니다

란의 이야기

어른다운 어른이 필요한 이유 《달려!》	175
몽글거리는 사랑이 흘러들다 《새가 되고 싶은 날》	180
홀로서기 《나의 두발자전거》	185
환상의 힘 《피파푸피파푸!》	190
밥벌이라는 일상의 아름다움 《밥·춤》	195
삶의 돌풍을 마주하는 태도 《오필리아의 그림자 극장》	200

준의 이야기

나의 행복추구권 《중요한 문제》	207
피튜니아에게 배운 초심 《피튜니아, 공부를 시작하다》	211
우리는 하나의 소우주 《돌 씹어 먹는 아이》	215
상상만으로도 황홀한 그 장면 《헤엄치는 집》	220
행복을 선택하고 싶은 그대에게 《버찌 잼 토스트》	224
살고 싶은 우리 집 《나의 독산동》	229

에필로그 우리는 모든 계절 그림책과 함께 걸었다 · 234
부록 함께 보면 좋은 그림책 100권 · 237
참고 문헌 및 자료 · 244

Part 1

그림책이 어른살이를 위로합니다

란 의 이야기

서로에게 무례하지 않은 관계

결혼해보니 알겠습니다

사소한 선의가 바꾸는 세상

서로에게 무례하지 않은 관계

《적당한 거리》+《곰씨의 의자》

대한민국 특이한 사모임

대한민국에는 특이한 사모임이 있다. 부모가 된 후에야 들어갈 자격이 주어지는 '엄마 모임'이다. 대부분의 엄마 모임은 육아의 고단함을 공유하면서 시작된다. 조리원 때부터 꾸준히 유지되거나 유치원, 초등학교 때 형성되어 중·고교까지 이어지기도 한다. 학원 정보와 대입 정보를 공유하는 모임으로 발전하거나 친목 모임으로 남는 경우도 있다.

"아, 정말 진이 다 빠지는 것 같아."

20년 지기인 친구가 그 특이한 사모임 때문에 힘들다며 고민을 털어놓았다. 친구는 아이 유치원 때 만난 엄마들과 꾸준히 모임을 이어왔다. 수년 동안 함께 보내며 일상다반사를 나눴고 때때로 부침도 있었지만, 그럭저럭 관계를 잘 유지해온 원만한 사이였다. 하지만 아이들이 크면서 몇몇 엄마들의 복직이나 재취업으로 관계가 소원해졌다.

자주 만나는 사람은 친구를 포함해 서너 명이 전부였는데 그곳에서 잡음이 생겼다. 그렇지 않아도 거절 못하는 성정 때문에 평생 주변인의 감정을 고스란히 받고 견디며 사는 친구에게 엄마 모임은 피곤함 그 자체였다. 친구는 성향이 비슷한 두 엄마 사이에 끼어 때때로 감정 쓰레기통이 되곤 했다.

두 엄마는 불행 자랑으로 서로 기대어 붙어 다니다 정작 상대방의 불행이 불행으로 보이지 않을 때 분노하는 사이였다. 그러다가 어느 한쪽이 지치면 '상담' 명목으로 친구를 찾아와 서로에게 서운했던 일을 낱낱이 고하고 정제되지 않은 날 선 감정을 쏟아댔다. 둘 다 잘 알고 왕래가 잦아 섣부른 위로나 조언도 어려운 처지였다. 친구는 몇 년째 같은 일이 반복되고 있다며 고통을 호소했다. 마침표도 없는 부정적인 감정을 받아야 하니 피로도가 높아질 수밖에 없었다.

그들은 도대체 왜 이런 관계의 비극을 연출하게 되었을까?

사실 우리는 이 문제의 원인과 해결법을 이미 알고 있다. 수많은 심리학자와 관련 서적이 말하지 않았는가. 모든 관계는 '적당한 거리'가 성패를 좌우한다. 친구도 두 엄마도 서로에게 상처인 이유는 적당한 거리를 유지하지 않았기 때문이다.

*

 전소영의 그림책 《적당한 거리》는 이 어렵고 난해한 상황에 꼭 맞는 그림책이다. 책은 제목처럼 적당한 거리가 어떤 필요와 효용이 있는지 식물을 길러내는 과정을 통해 보여준다.
 "네 화분들은 어쩜 그리 싱그러워?"
 부러움이 한가득 담긴 질문으로 시작하는 그림책은 관계에 지친 사람들에게 "네 주변 사람들은 어쩜 그리 싱그러워?"로 읽힌다. 싱그러운 사람은 만나면 반갑고 즐겁다. 함께하는 시간이 부담 없어 다음에 또 보고 싶다. 싱그러움은 생명력을 반영한다. 그래서 싱그러움을 머금은 사람 옆에 있기만 해도 기분이 좋아진다. 누구나 선망하지만 아무나 할 수 없는 역할이다. 또한 아무나 그런 싱그러운 사람을 만날 수 있는 것도 아니다. 그만한 노력과 운이 따라줘야만 가능하다.
 그림책은 한가로운 오전 풍경을 대변하듯 햇살이 가득 비춰 내리는 창가 한쪽에 잠든 강아지를 배치했다. 장갑 낀 손은 화분 갈이를 하는 내내 조심스러운 모습이다.
 그림책에 등장하는 율마, 떡갈고무나무, 로즈마리 등 여러 식물들은 모양새와 성격이 모두 제각각이다. 생존 환경도 달라 제 성격에 맞춰 길러내야 한다. 관심이 지나쳐 물이라도 많이 주면 뿌리가 썩는다. 반대로 관심이 덜하면 금세 말라버린다. 식물을 잘 기르는 필요조건은 세 가지다. 적당한 햇빛, 적당한 흙, 적당한 물이다. 모두 적당한 거리를 유지할 때 가능한 일이다.

 식물을 기르는 과정과 사람이 만나 신뢰를 쌓는 과정은 매우 비슷하다. 썩거나 말라비틀어지는 일이 사람 사이에서 일어난다면 얼마나 끔찍할까? 친구가 겪은 일은 그런 상황과 다르지 않다. 그럴 때 우리가 해야 할 일은 한 걸음 물러서는 것이다.

 "한 발자국 물러서 보면 돌봐야 할 때와 내버려 둬야 할 때를 조금은 알게 될 거야."

 엄마 모임에 힘들어하던 친구에게 해줄 수 있는 조언이 그림책에 있었다. 버겁고 힘들 때는 잠시라도 쉬어가는 것이 맞다. 한발 물러나 침묵할 때 비로소 보이는 길도 있다. 인간관계로 감정 오염이 심해진 친구에게 그림책 처방전을 보냈다.

곰씨의 수난 시대

 적당한 거리를 유지하려면 서로의 암묵적인 합의가 필요하다. 혼자만의 시간이 필요할 때 개인의 영역을 함부로 침범하지 않을 것. 각자의 사생활을 존중할 것. 눈치를 장착할 것. 적어도 이 세 가지를 염두에 둔다면 인간관계의 기본은 갖춘 셈이다. 기본을 지키지 못해 벌어지는 문제들이 허다하다.

*

노인경의 그림책 《곰씨의 의자》에는 거절하지 못하는 곰씨와 눈치 없는 토끼 두 마리, 그들의 아기 토끼들이 등장한다. 그들은 순진무구한 얼굴로 위의 세 가지 중 하나도 갖추지 못해 곰씨를 절망의 구렁텅이로 내몰았다.

곰씨는 시를 읽고 음악을 들으며 차를 즐기는 조용한 캐릭터다. 자기 의자에 앉아 마음을 차분히 가라앉히는 그 시간을 사랑한다. 그러던 어느 날 여행에 지친 토끼 한 마리를 만난다. 곰씨는 자신의 의자를 내어주며 잠시 쉬어가라는 친절을 베풀고 토끼의 여행 이야기를 들으며 즐거운 시간을 보낸다. 그때 어디선가 춤추는 토끼가 등장하고 두 토끼는 첫눈에 반해 가족을 이룬다. 그리고 새끼를 매우 많이 낳는다. 수난은 그때부터였다.

아기 토끼들은 점점 늘어나고 시도 때도 없이 곰씨의 영역에 들어왔다. 그는 자신의 사생활을 잃어버렸다. 아기 토끼들은 매일 찾아왔고 모두 즐거워 보였지만 곰씨는 전혀 그렇지 않았다. 게다가 아이들의 천방지축, 안하무인 행동을 두 마리 토끼는 제지하지도 않았다.

　보는 내내 산소가 모자라 호흡곤란이 오는 기분이었다. 곰씨가 언제까지 참을 수 있을지 의문이 들 무렵 그도 한계에 이르렀는지 마침내 나름의 방책을 세운다. 먼저 의자에 누워 아무도 앉을 수 없게 해본다. 소용이 없다. 한 자리만 남겨두고 페인트를 칠한다. 소용이 없다. 새로운 의자를 만들어 혼자만 앉는다. 역시 소용이 없다. 곰씨의 완곡한 거절의 은유는 '눈치 없는 토끼 가족'에게 통하지 않았다.

혼자만의 시간이 필요하다면

　곰씨의 모습은 두 엄마 사이에서 갈팡질팡하는 친구와 닮았다. 상처 주지 않고 관계를 잘 이어 나가려던 배려의 시간은 너무나 길었다. 친구는 그저 그들의 불평을 들어주면 언젠가는 괜찮아질 거라고 생각했지만, 전혀 나아지지 않았다. 그런 사람들은 고민이라는 명목으로 찾아와 다른 사람의 뒷담화로 대화를 이어간다. 문제는 그 대화를 이어가는 순간 '공범'이 된다는 사실이다. 친구도 이 사실을 인지했을 것이다. 피로한 관계의 건강한 해결법은 때로 완곡함보다 솔직담백한 거절일 수 있다. 차일피일 미루다 보면 곰씨처럼 내면에 깊은 상흔을 입을

지도 모른다.

곰씨는 온갖 방법으로도 해결될 기미가 보이지 않자 급기야 자신의 소중한 공간을 해쳐야 할 지경에 이르렀다. 단지 친절을 베풀었을 뿐인데…. 곰씨는 절망의 눈물을 흘렸다.

'어쩌다 이 지경이 되었을까?'

곰씨가 느낀 감정은 자괴감이었을 것이다. "혼자만의 시간이 필요해요"라는 말 한마디를 미룬 대가는 컸다.

그 길로 앓아누운 곰씨는 심하게 아팠다. 토끼 가족들은 그제야 걱정스러운 얼굴이다. 얼마나 시간이 흘렀을까? 자리를 털고 일어난 곰씨는 조심스럽게 토끼 가족에게 자신이 필요한 것을 말한다.

다행히 토끼 가족은 곰씨의 사생활을 존중하고 그의 기색을 살피기 시작한다. 마침내 곰씨는 그동안 불편하고 힘들었던 점을 솔직히 말해 문제 상황을 해결하고 평화로운 일상을 되찾았다.

*

누군가와 함께하는 것은 분명히 즐거운 일이다. 하지만 관계가 깊어지면서 피로감이 생긴다면 용기를 내어 자신의 상황을 제대로 전달할 필요도 있다. 상대방에게 관계의 안전거리를 알려주는 세심함은 건강한 관계의 출발선이다. 서로의 비밀을 공유하고 제삼자의 험담으로 친밀감을 느끼는 우정이 과연 건강한 것인지 반문해볼 일이다.

상대방의 일상을 속속들이 알아야만 만족하는 숨 막히는 밀착 가드는 서로를 힘들게 한다. 느슨한 관계로도 우리는 잘 지낼 수 있다. 혼자라서 느끼는 빈틈을 외로움이나 소외감으로 느낄 것이 아니라 '여유'라고 생각하면 어떨까? 곰씨처럼 관계가 고민이라면 어렵더라도 용기를 내자. 우리가 품은 우정에 대한 환상은 어쩌면 과도한 친밀감인지도 모른다.

결혼해보니 알겠습니다

《두 사람》+《바람의 우아니》

도대체 양말이 뭐라고

"두 사람이 함께 사는 것은 함께여서 더 쉽고 함께여서 더 어렵습니다."

그림책 《두 사람》의 첫 문장을 읽고 한참 가만히 들여다보았다. 텍스트만 보면 뻔한 문장이다. 그런데 각각 반쪽만 있는 여자 옷과 남자 옷이 단추로 여며져 상의 한 벌이 된 그림으로 의미를 보충하니 부부의 희로애락으로 읽혔다.

단추로 이어진 한 벌 같은 두 벌의 옷은 타인으로 만나 일상을 공유할 때 필연적으로 생기는 상황과 감정을 은유한다. 각자의 정체성이 분명한 두 명이 서로의 삶에 지분을 가질 때, 우리는 설렘과 어려움을 동시에 느낀다. 그림책은 이를 한 장면으로 탁월하게 표현했다. 텍스트가 그림에 빚진 장면이다.

《두 사람》은 관계의 다양성을 비유와 은유를 통해 보여준다. 어떤 두 사람은 '열쇠와 자물쇠'와 같고 어떤 두 사람은 '낮과 밤'처럼 영영 엇갈린다. 그림책을 보며 자연스럽게 지난 결혼생활을 되짚어봤다. 남편과 보낸 10년은 크고 작은 마찰을 겪고 인내로 견디며 관통한 장엄한 여정이었다.

결혼이라는 제도는 상대방의 사적 면면을 속속들이 들여다볼 수 있는 가장 합법적인 방법이다. 그 제도에 편입했던 10년 전, 먹고사는 일상이 하나로 합쳐지며 연애 때는 몰랐던 티끌 같은 일들로 종종 신경전을 벌였다. 그때 겪었던 첫 부부싸움은 지금 생각해도 유치의 극치다.

"아니, 왜 그렇게 접냐고!"
"아, 나는 누나랑 이렇게 접었다고!"

세탁물을 정리하며 우리는 얼굴을 붉혔다. 남편은 양말을 한쪽 양말에 넣어 접는 내 방식에 "그러면 양말목이 늘어난다"라며 끝끝내 자기 방식을 고집했다. 나는 나대로 "안으로 쏙 넣으면 고무줄이 늘어나지 않는다"라며 고집을 꺾지 않았다.

실랑이 끝에 그가 내세운 논리의 마지막 근거는 누나와 함께 산 세월의 경험이었다. 누나라니? 서른 넘은 남자 입에서 누나가 등장하는 순간 이성의 끈이 끊어졌다. 말싸움 끝에 뱉은 말은 "그럼 누나랑 가서 살아!"였다.

지금은 우습지만 그때는 '도대체 이게 뭐라고 맞춰주지 않지?'라는 마음에 단전부터 차오르는 짜증과 화를 다스리지 못했다. 유치한 대화로 마무리된 첫 감정싸움은 우리 부부에게 지금까지 회자되고 있다.

미리 밝혀두지만, 결혼은 이렇게 작은 생활 습관 차이를 좁혀가는 과정에서 시작된다. 치약 짜는 방법, 두루마리 휴지 걸어놓는 모양까지 싸움의 요소다. 나는 이런 사소하고 자잘한 감정싸움을 시작으로 결혼의 실상을 체감했다. 그러면 결혼과 동시에 고구마 줄기처럼 딸려오는 양가 가족과 겪는 감정의 결들은 어떨까? 말해 무엇하리. 결혼이 장엄한 여정인 이유다. 한 명의 사소한 습관을 맞추는 것도 이처럼 비생산적인 시간을 거치는데 가치관은 오죽할까? 결혼이 멜로에서 서스펜스로 바뀌는 것은 한순간이다.

남편은 삼 남매 중 막내로 부모님 말씀에 순종하는 효자 아들이었고 나는 삼 남매 중 맏이로 집안에서 베짱이 공주였다. 시부모님의 자랑이 '부모님 뜻을 한 번도 거스른 적 없는 자식'이라면, 친정 부모님은 '한 번도 제 뜻을 꺾은 적 없는 자식'이라는 점이 자부심이셨을 것이다.

우리는 이렇게 다른 문화권에서 살다가 만났다. 그런 내게 대화 중 '누나'라는 단어의 등장은 '몸만 나와 함께할 뿐 배우자의 정서는 여전히 원가족에 귀속되어 있다'라고 해석되었다. 정서적으로 단단히 독립된 남성상을 원했던 나의 욕구가 좌절된 사건이다.

*

 심리학에서는 원가족과 건강한 분화를 이룬 사람은 새로 이룬 가정을 '현가족'으로 인식할 수 있다고 본다. 삶의 중심에는 현가족이 자리하고 집안 대소사 때마다 양쪽 원가족으로 달려가 교집합 영역을 구축했다가 다시 현가족으로 돌아올 힘이 있다. 막 새신랑이 된 남편은 결혼을 통해 나를 자기 가족으로 데리고 들어갔다고 인식한 것 같았다.

 그 후 지금까지 포기하지 못한 일이 있다. 남편에게 '가족'이라는 정의를 재설정하는 것이다. 두 성인이 만나 새로운 가정을 이루었고 '지금, 여기'가 당신의 현가족이며 우리에게는 각자 원가족이 있다고 기회가 있을 때마다 말한다.

 신혼 초에는 현가족, 원가족이라는 심리학 용어를 몰랐지만, 최선을 다해 느끼고 생각하는 바를 설명하려고 노력했다. 또 '장가갔다/왔다' '시집갔다/왔다'가 아니라 '결혼했다'가 맞는 표현이라고 콕 집어 설명했다.

 이 어감 차이를 중시한 것은 '평등한 관계' 때문이다. 배우자가 그 차이를 인식하지 못하면 새로 형성된 가족의 의미는 희미

해지고 평생 힘 싸움할 것이 뻔했다.

처음 이 이야기를 꺼냈을 때 남편의 표정을 잊을 수가 없다. 불편해하는 기색이 역력했다. 순종적인 아들로 자란 그에게 이 발언은 잠잠한 호수에 돌을 던져 침묵을 깨는 불필요한 일이었으리라. 지금도 기사나 책, SNS 등에서 '센' 며느리 이야기가 나오면 날을 세우지만, 10년이라는 시간은 서로의 색으로 물들기에 충분히 긴 세월이다. 이제 남편도 그 차이를 분명히 안다. 여전히 불편해하지만 말이다.

상대방의 원가족을 삶으로 들여오기는 무척 어렵다. 단번에 가능하지도 않다. 또한, 자신의 원가족으로부터 분화되어 새로 이룬 현가족을 인식하는 과정도 꽤 오래 걸린다. 특히 가족 간에 결속력이 남다른 집안은 더 그렇다. 그 시간의 간극을 줄이는 방법은 고루하게도 하나다. 상호존중과 소통이다. '세월이 약'이라는 옛말은 평등하게 서로 배려할 때나 통하는 말이다.

*

몇 년 전 결혼을 앞둔 친한 동생이 상견례를 끝내고 상담을 청했다. 가족 간 결속력이 유독 대단한 배우자 가족을 만나고 나니 혼란스러운 눈치였다. 결혼 전에는 결혼이 마치 신기루 같아 "결혼은 현실이야"라고 강력히 주장하는 인생 선배들의 말이 귀에 들어오지 않는다. 나는 누군가 분명히 내게도 했을

법한 조언을 할 수밖에 없었다. 역시, 돌아온 대답은 "내가 더 잘해야지 뭐"였다. 그 후로 몇 년이 지난 지금도 동생은 같은 문제로 힘들어한다.

한 인간의 정서적 독립은 중요한 문제다. 우울감을 스스로 감당할 수 있어야 하고 과거의 상처가 있다면 그 상처를 현재로 가지고 나와 과거보다 좀 더 자란 현재의 내가 치유할 수 있도록 기회를 주어야 한다. 그런데 정서적으로 독립이 안 된 사람은 결혼 후에 벌어지는 수많은 문제를 원가족에게 가져가거나 반대로 원가족이 현가족에 당당히 걸어 들어와 관여하도록 방관한다. 이때 배우자가 견디지 못하면 싸움으로 번지기 마련이다.

비밀의 돌

"나는 그 이야기가 사실이라고 믿으며 자랐고 내 발걸음은 저절로 산꼭대기를 향했다. 하지만 저 멀리 보이는 산봉우리는 안개로 덮이거나 바위에 가려 순식간에 사라졌다."

프랑스 작가 비올렌 르루아의 그림책에 등장하는 대목이다. 우리는 저마다 결혼이라는 판타지를 품고 있다가 본격 결혼생활에 돌입하면 상상했던 모든 시나리오를 폐기해야 하는 현실을 마주한다. 결혼이라는 판타지는 결혼 이후 펼쳐지는 현실을 가린다.

    문장 속 '그 이야기'를 '결혼이라는 판타지'로 바꿔 넣어도 의미가 통한다. 그림책의 주인공처럼 우리도 그렇게 헤매는 얼마의 시간이 지나서야 현실을 직시한다.

    그림책 《바람의 우아니》는 내게 결혼이라는 판타지가 어떻게 만들어지고 두 사람이 만나 감당해야 할 일들이 결혼 기간 중 어떤 방식으로 작동하는지 빗대어 이해하기에 적절한 그림책으로 다가왔다.

*

    주인공은 신비한 마을에 대해 숱하게 듣고 자랐다. 산꼭대기에 자리했던 마을이 어느 날 갑자기 흔적도 없이 사라졌다는 이야기다. 그 신기루 같은 이야기를 확인할 수 있을 만큼 자란 주인공은 한 번도 본 적 없는 그 신비한 마을을 찾기 위해 산으로 향한다. 오로지 들어왔던 이야기에 기대어 온 힘을 다해 산을 오른다. 바위에 긁히고 눈 속에 파묻히고 눈보라에 휩쓸려도 계속 걸었다.

    얼마나 많은 밤낮을 견뎠을까? 그때 어디선가 까만 돌 하나가 굴러와 손에 쥐어졌다. 그리고 신기루 같은 이야기의 신비한 마을 사람들이 나타났다. 주인공은 그들을 따라갔고 한동안 함께 생활했다. 특이한 점은 주인공이 뭔가 물어보려고 하면 가만히 손가락을 입술에 대고 주머니에 까만 비밀의 돌을 넣어 주는 것이었다. 주머니는 점점 무거워졌다.

보름달이 뜬 어느 날 저녁, 마을 어른들은 마을 아이들과 주인공을 거대한 배가 녹슬어 잠든 신비한 장소로 데리고 간다. 그곳에 아이들과 주인공만 남겨둔 채 어른들은 마을로 돌아가 버린다. 주인공은 아이들과 남겨져 두려운 한밤을 보낸 후에야 마을 사람들을 다시 만날 수 있었다.

이어진 의식은 고요히 바람의 소리를 듣는 것이었다. 주인공이 한숨 같은 소리를 들었을 때, 처음으로 노래처럼 울려 퍼지는 마을 사람들의 목소리를 들을 수 있었다. 그 순간 세상의 모든 바람이 불어왔고 주인공과 마을 아이들은 바람의 말을 알아들었다.

주인공이 질문을 던질 때마다 주머니에 넣어야 했던 비밀의 돌은 침묵의 무게를 체감시켜주는 물리적 도구다. 의미 있고 신비로워 보이지만, 결혼생활에 빗대어 보니 매우 불친절한 안내로 읽혔다. 주인공은 그곳에서 질문을 삼가야 한다는 사실도 부딪쳐가며 배웠다. 아마도 침묵으로 사유했을 것이다. 낯설고 혼란스러운 모든 정황을 스스로 추측하거나 판단해야 했을 것이다.

행간에 생략된 그 힘겨웠을 과정을 상상하며, 외부 환경에 의해 바람의 말을 알아듣게 된 주인공의 모습에서 나와 남편이 서로의 원가족을 삶에 들여오는 여정을 다시 한번 떠올렸다. 우리도 셀 수 없을 만큼 많은 신경전을 벌이며 싸우고 또 견디며, 그렇게 각자의 좌절 위에 상대방의 자리를 마련했다.

서로의 은어를 배우다

10년의 결혼생활에서 배운 것이 하나 있다. 가족이 된다는 것은 '상대방의 은어를 읽을 줄 안다'는 의미다. 상대방의 은어란, 같은 환경에서 오랜 시간을 공유한 구성원 사이에서만 통용되는 특수어를 말한다. 여기서 특수어는 언어적 요소와 비언어적 요소 모두를 뜻한다.

남편과 그의 원가족 사이의 은어는 다른 구성원이던 내게 이방인의 언어였다. 그 은어를 눈치채고 진심으로 이해하기까지는 꽤 오랜 시간이 필요했다. 꼬박 10년을 보내고 나니 이제야 상대방의 은어가 은어인 줄 조금 알게 되었다.

이때 꼭 필요한 조건이 있다. 절대적인 물리적 시간과 상대를 향한 배려 그리고 소통을 끝까지 포기하지 않는 일이다. 치열하게 싸우고 다시 화해하는 지난한 시간을 감당해야 한다는 말이다. 그래야만 결혼 후 필연적으로 생기는 갈등을 다룰 수 있다. 변화는 시도하지 않는 사람에게는 자신의 뒤꿈치도 보여주지 않는다.

＊

그림책 《바람의 우아니》는 결혼생활을 되돌아보는 시간을 선사했다. 나는 주인공처럼 신기루 같은 결혼 판타지를 사실로 믿고 10년이라는 대장정을 온 힘을 다해 오르고 헤맸다. 상대방의 은어를 읽어내는 기술은 주인공처럼 침묵의 시간을 견디고 두려운 한밤을 보내고서야 겨우 얻은 생존 기술이다. 도저히 이해할 수 없는 것을 두고 '세월을 통과하며 저절로 알게 될 일'이라던 어른들의 말씀에는 '필연의 애씀'이 전제된다는 진리를 살아보고서야 깨닫는다.

나와 남편은 여전히 은어를 배우고 또 만들고 있다. 하나는 각자 원가족과 나누던 은어고 다른 하나는 함께 세월을 관통하며 만들어지는 부부간의 은어다. 무엇 하나 완벽하지 않을 수도 있지만 분명한 점은 나도 남편도 어제보다는 서로에게 편한 사람이 되어가고 있다는 것이다. 더디지만 서로의 은어를 더 읽어낼 줄 아는 사람으로.

침묵의 돌, 그 무게를 감당하는 일은 상대방을 따뜻한 호감으로 바라볼 줄 아는 삶의 기술 하나를 만드는 일이기도 하다.

사소한 선의가 바꾸는 세상

《쫌 이상한 사람들》 + 《지하 정원》

쫌 이상한 사람들

   종종 이상주의자라는 소리를 듣는다. 세상을 바꾸는 힘은 소수의 권력자에게서 나오는 것이 아니라 각자가 내뿜는 '사소한 선의'에서 비롯된다는 말을 공공연히 하고 다니기 때문이다. 치기 어린 시절, 지금 내가 누리는 것은 치열하게 노력해 획득한 트로피와 같은 것이라고 여겼다.

   노력과 보상은 당연한 인과라고 생각했지만, 이제는 아니라는 것을 안다. 지금은 타인의 다정함으로 지금의 내가 되었다고 답하고 싶다.

   그림책 《쫌 이상한 사람들》에 바로 그 타인들이 등장한다.

다정함과 사소한 선의를 보여주는 인물들은 제목처럼 보편적인 정서와는 거리가 먼, 쫌 이상한 사람들이다.

*

  스페인 출신 작가 미겔 탕코가 그려낸 작품 속 인물들은 마음 씀씀이가 남다르다. 가령, 승패를 떠나 상대 팀이 이겨도 진심으로 축하해준다. 공연장 객석이 텅 비어도 아랑곳하지 않고 그저 함께 즐기면 충분하다고 생각하며 기꺼이 연주한다. 또 산만큼 덩치가 커 투박해 보여도 누군가 내뿜는 외로움을 금세 알아차리는 섬세함이 있고 풀꽃을 향해 감사한 마음을 전할 줄 아는 감수성도 지녔다. 때로는 길을 걷다가도 아무 때나 춤을 출 수 있고 길 위에서 개미 행렬을 마주치면 그들을 피해 뒤꿈치를 한껏 들어 올린 채 걷는 마치 눈 뜬 채로 꿈을 꾸는 사람들 같다. 하나같이 때 묻지 않은 순수한 모습이다.

  그림책을 보는 내내 고마웠던 점은 인물들을 주류와 비주류라는 대립각으로 풀어내지 않았다는 것이다. 어느 쪽에 속하든 필연의 박탈감을 주는 과도한 해석이나 감정의 전염을 배제했다. 그저 순수하고 경쾌한 그들의 정서를 그려내 보는 내내 거부감 없이 반가운 호기심으로 만날 수 있었다.

  돌아보니 내 삶의 둘레길에도 언제나 쫌 이상한 사람들이 있었다. 지금도 여전히 인생 한 귀퉁이를 차지한 사람들도 있고 강물처럼 바람처럼 스쳐 지나간 인연도 있다. 지금 곁에 있든 없든 그들의 공통점은 대가 없이 주는 것이 몸에 밴, 요즘은 좀처럼 만나기 어려운 쫌 이상한 사람들이라는 사실이다.

*

이십 대에 중국으로 단기 어학연수를 갈 기회가 있었다. 생존어 몇 마디만 겨우 외워, 할 수 있는 말이 몇 마디 되지 않아 불안함과 조급함으로 하루하루를 보냈다. 그렇게 낯선 환경에 적응해보려는 찰나, 믿었던 사람에게서 마음을 심하게 다치는 일이 생겼다. 마음의 상처는 깊은 상흔을 남겼고 몸의 병증으로도 나타났다.

타국에서 잘 먹지도 자지도 못하는 시간이 생각보다 길어졌고 나는 점점 쇠약해져 갔다. 힘겹게나마 그 시간을 버틸 수 있었던 것은 그때 만난 룸메이트 동생과 동기들, 한인교회 지인들의 살뜰한 보살핌 덕분이다. 그들은 꽤 오랜 시간 내가 일상으로 돌아갈 때까지 곁을 지켜주었다.

그 시절 여러 사람의 작은 선의가 없었더라면 아픔을 치유하는 속도가 너무 느려 삶의 속도를 따라잡지 못했을지도 모른다. 그해 나는 여러 사람의 수고로운 손길 아래 무사히 연수를 마치고 건강하게 집으로 돌아왔다.

돌아보면 서툴게나마 사람의 소중함을 배운 시간이었다. 거

대한 어려움이 몰아쳐 혼자는 도저히 빠져나올 길이 없었던 그때 경험으로 사람은 각자의 힘만으로는 존재할 수 없다는 사실을 배웠다. 또 절망과 어둠이 우리를 잠식하려고 할 때 작은 선의를 주고받는다면 일어설 수 있다는 믿음을 갖게 되었다.

성인이 되어서야 타인을 돌보는 것이 얼마나 어려운 일인지 깊이 느낀다. 그때 내가 받은 선의는 사랑의 다른 모양일 것이다.

겨울을 견디고 싹을 틔우는 튤립처럼

눈에 보이지 않는, 선의에서 파생되는 에너지를 나는 '선한 영향력'이라고 부른다. 때때로 선한 영향력은 당장 결과물을 얻을 수는 없지만 언젠가 반드시 열매를 맺거나 꽃을 피운다고 믿는다. 마치 튤립 구근을 심어 가꾸는 것과 비슷하다.

식물을 기르는 데 도무지 재능이 없는 내게 여동생이 튤립 구근을 던져주며 말했다.

"미리 심어야 해."

"미리 어떻게?"

"그냥 화분에 심고 물 줘."

항상 말을 반토막만 하는 동생에게 꼬치꼬치 물어보고 얻은 정보라고는 그냥 늦가을쯤 심어 가끔 물을 주면 된다는 정도였다. 그러면 이듬해 봄에 싹이 난다나. 알아보니 튤립은 10~12월 사이 구근으로 심어두면 이듬해 4~5월에 싹을 틔워 꽃을 낸다.

　손바닥만 한 화분에 튤립을 심고 신발장 위에 올려두었다. 흙이 마르지 않을 만큼만 몇 달 동안 물을 주고 오가며 한 번씩 들여다봐도 싹이 나올 기미는 전혀 없었다. 실내여서 좀 일찍 싹이 틀 거라는 기대는 그해 겨우내 이뤄지지 않았다.

　해를 넘겨 3월 어느 날, 출근 시간에 쫓겨 서둘러 나가려는데 연녹색 오동통한 뭔가가 보였다. 싹이었다! 얼마나 신기했는지! 손톱 크기의 싹은 몇 주 동안 굵직하게 올라왔다. 약 한 달 만에 노란 튤립 한 송이를 만났다. 구근을 심은 후 가끔 생각날 때마다 물을 주고 종종 창문을 열어 통풍시키고 싹이 올라오길 묵묵히 기다린 것이 전부다. 별로 예쁜 화분도 아니었고 볕이 쨍쨍하게 드는 환경도 아니었는데 기특하게도 맑고 고운 노란색 꽃을 틔워냈다. 겨우내 튤립 구근이 생명을 품고 때를 기다렸다는 생각에 너무나 고마웠다.

　튤립처럼 누군가의 선의는 당장 눈에 보이지 않더라도 때가 되면 선한 영향력이라는 놀라운 결과물을 만들 거다. 자신이 틔워야 할 시의적절한 때 말이다.

모스 아저씨의 지하 정원

 조선경의 《지하 정원》에 등장하는 모스 아저씨의 선한 행동도 오랜 시간이 지난 후에야 그 영향력이 눈에 보인다. 모스 아저씨는 사람들이 귀가할 무렵 출근길에 나서는 지하철역 청소부로 오래된 역사를 쓸고 닦으며 묵묵히 자신의 할 일을 하는 조용한 사람이다. 어느 날 아저씨가 한창 승강장을 닦고 있을 때 터널 안에서 악취가 난다는 사람들의 말이 들려왔다.

 실제로 터널에서는 고약한 냄새가 훅 풍겨왔다. 도대체 무슨 냄새일까? 아저씨는 집에 돌아가서도 악취 때문에 불편해하던 사람들 생각에 잠을 이루지 못했다. 다음 날 평소보다 일찍 일터로 나간 아저씨는 터널 안에 들어가 청소를 시작했다.

 매일 조금씩 터널 안쪽으로 들어가며 청소하던 아저씨는 쓰레기가 가득한 환기구를 발견한다. 쌓인 쓰레기를 치우자 달빛과 밤바람이 들어왔다. 아저씨는 달빛이 들어오는 환기구 한쪽에 흙을 두둑이 쌓고 작은 나무 한 그루를 옮겨 심었다. 어두운 시멘트 세상에 아저씨만의 작은 정원이 생겼다. 그 후로 시간 날 때마다 터널 안을 청소하고 작은 나무를 가꾼다. 그러자 더는 터널 안에서 악취가 나지 않았다.

 작은 나무는 아무도 신경 쓰지 않는데도 무럭무럭 자라 마침내 지상으로 제 모습을 드러낸다. 환기구에서 나무가 자란다는 소식이 퍼지자 지상은 한동안 북새통을 이루었다. 계절이 바뀌고 어느 날 누군가가 나무 주위의 딱딱한 바닥을 뜯고 새 나무를 심었다. 그렇게 지상은 조금씩 쉼터로 변했다. 어느새 모스 아저씨의 검은 머리는 희끗희끗해졌지만, 지하철로 출근하는 그는 여전히 지하 정원을 가꾼다.

*

그림책을 읽으며 선한 영향력을 실천하는 것에 대해 생각했다. 좀 이상한 사람들처럼, 모스 아저씨처럼 어쩌면 제 삶에 충실한 것과 제 주변을 돌보는 일에 진심을 담는 것만으로도 선한 영향력은 이미 생명력을 얻어 때를 기다리고 있는 건 아닐까.

설령 이것이 지나친 해석일지라도 현실이 고되고 힘들 때마다 여전히 우리는 함께 살아가고 그곳에는 늘 사람이 있다고 믿는다. 그렇게 세상을 움직이는 선함이 모두에게 깃들어 있다고 말이다. 늘 이런 아름다움만 목격하면서 살고 싶다.

준의 이야기

시간이 지나면 보이는 것들
작은 존재들의 파라다이스를 위하여
결혼생활에 로그인하셨습니다

시간이 지나면 보이는 것들

《엄마의 초상화》+《울타리 너머》

지금까지 몰랐던 우리 엄마

 얼마 전 친정엄마에게 전화 한 통을 받았다. 아르바이트를 시작하신다는 것이다. 올해 예순다섯. 머릿속에는 어릴 때부터 자주 아팠던 엄마의 모습이 떠올랐다.

 대답을 망설이는 찰나, 엄마는 "병원비만 더 많이 나오니까 그냥 집에 있어"라는 아빠의 핀잔을 전한다. 서운하셔도 어쩔 수 없다. 현실적으로 아빠 말이 맞으니까. 그런데 이번만큼은 아빠 편에 서고 싶지 않았다. 이제 엄마에게는 아빠나 딸이 아닌 엄마 자신을 위한 선택이 필요하다고 생각했기 때문이다.

＊

　유지연의 《엄마의 초상화》는 그림을 그리는 딸과 그녀를 자랑스러워하는 엄마의 실화를 바탕으로 만들어진 그림책이다. 그래서 이 책을 보는 마음가짐이 더 각별했다.

　책을 펼치면 각각의 면에 스케치 중인 손이 등장한다. 왼쪽은 딸이 그린 모노톤의 익숙한 '엄마'의 모습이, 오른쪽에는 연분홍색 테두리 액자에 그려진 화려한 색감의 낯선 '미영 씨'의 모습이 대비 구조로 눈에 들어온다. 동일한 모델이지만 너무 다른 두 그림, 보는 사람의 시선에 따라 엄마 미영 씨의 모습은 완전 다른 사람이다.

　딸은 자신이 보고 자란 평범하고 사실적인 엄마를 그렸다. 갈라진 입술 틈새로 빨간 립스틱을 바르는, 파마머리에 성긴 세월을 감추고, 살림을 하느라고 손이 거칠어지고, 소파에서 쭈그려 잠들고, 당신보다 늘 자식을 위해 희생하는 엄마의 모습이다. 하지만 타지에서 타인이 바라본 미영 씨의 모습은 달랐다. 자유롭고 생기가 넘치는 멋쟁이 여사님의 모습이다. 열정적으로 춤을 추고, 다양한 모자로 자신을 꾸밀 줄 아는 중년의 아름다운 여성이 그 안에 있다.

　아르바이트 선언 후 회상되는 엄마의 모습은 그림책에서 본 작가의 시선과 같은 선상에 있다. 엄마를 잘 이해하지 못한 철부지 딸의 마음과 미안함, 그리고 이제야 엄마의 마음을 헤아린다는 쓸쓸한 고백이 교차한다. 자신의 그림과 너무 다른 엄마의 초상화를 보며 고해성사처럼 담담하게 이야기를 이끌어 나가는 작가의 독백은 그래서 더 애틋하게 다가왔다.

   나비의 날개를 달고 '가족들이 쉴 수 있는 집이 아닌, 자신만의 꽃밭을 향해 날아가는 미영 씨'를 보며 나는 생각했다. 엄마에게도 당신이 바라는 자유와 즐거움, 꿈과 낭만이 있지 않았을까? 남편 뒷바라지를 하며 자식을 키우는 동안 이름 대신 누구의 아내, 혹은 엄마로 불리는 데 익숙해졌을 것이고, 꿈과 타협하지 않았을까? 지금 엄마의 진짜 소망은 무엇일까?

*

   엄마를 오롯이 헤아려보기까지 제법 오랜 시간이 걸렸다. 아니, 내가 엄마가 되어보니 '결국' 알게 됐다. 결혼을 하고 아이를 낳은 후 마주하는 세상, 엄마이기에 감당해야 하는 삶의 무게, 엄마니까 가능한 사랑의 형태 등이 비로소 눈에 들어왔다.

   자식에게는 너무 당연한, 그러나 엄마에게 그 어떤 것도 당연하지 않은 것이었다. 하지만 묵묵히 엄마로 살아준 '우리 엄마'. 나는 그런 줄도 모르고 당신을 닮는 것을 암묵적으로 거부하는 오만한 마음을 품어왔다.

   대학생이 되고 연애를 시작했던 어느 날, 언젠가 외동딸을 시집보내고 아빠와 단둘이 살 엄마의 노후에 대해 조심스럽게 생각해보았다. 그때 처음으로 엄마에게 "아르바이트라도 해보라"라며 억지를 부렸다. 오랫동안 새장에 갇힌 새처럼 나는 법조차 잊어버린 엄마는 서운하셨는지 한마디 하셨다.

"나쁜 기지배, 너도 너 같은 딸 낳아봐라."

지난 세월 엄마가 그러했듯, 나는 가족을 위해 내가 집이 되어야 하는 길을 걸어가고 있다. 엄마는 이 길을 가면서 무슨 생각을 하셨을까? 지지 않는 꽃처럼 가족을 응원해줄 것 같던 엄마. 그녀에게 미영 씨처럼 나비 날개가 돋아나 자신의 꽃밭을 향해 날아갈 기회가 오면 좋겠다. 오늘따라 사랑하는 엄마, 나의 명숙 씨 얼굴이 더욱 그리워진다.

짜릿하지 않고 찌릿한 '어른'

어릴 적 친구들을 만났다. 저마다 먹고사는 일에 정신이 없다며 하루하루 고군분투 중이라고 했다. 내 눈에는 예전 그대로이지만, 현실은 배가 나온 아저씨들이요 영양제 정보를 주고받는 아줌마들이다.

지나간 그때가 좋았다며 분위기가 무르익어가던 그때, 친구 중 한 명이 갑자기 뜬금포를 쏘아 올렸다. 회사에서 승진한 자신의 무용담을 펼치기 시작한 것이다. 한때 등단을 꿈꾸었던 문학 소년은 더럽고 치사한 세상을 사는 법을 다 섭렵했다는 듯 으스댔다.

*

마리아 굴레메토바의 그림책 《울타리 너머》는 소년 안다와 돼지 소소의 관계로부터 이야기가 시작된다. 안다는 소소에게 어울리는 옷이 무엇인지, 뭘 하고 놀면 좋은지 따위를 "안다"라고 말한다. 하지만 그와 등지고 있는 소소의 모습에서 '안다는 정말 소소를 잘 아는 걸까?' 하는 의구심이 들었다. 그때 그림책에서 결정적 장면을 포착했다. 보라색 머플러를 목에 두른 채 거울에 비친 자신을 보는 안다의 모습이었다. 소년은 거울 앞에서 자아도취에 빠져 있고 소소는 책 중앙선 너머 오른쪽 구석으로 멀찌감치 떨어져 혼자 오도카니 앉아 있을 뿐이다. 소소에 대해 뭐든지 안다고 말하지만 정작 안다는 소소에게 전혀 '관심'이 없다.

결정적 단서를 잡은 것 같아 마음이 '짜릿'했지만, 이내 '찌릿'하게 바뀌었다. 안다가 마치 마흔의 딜레마에 빠진 친구, 아니 이 시대의 우리들처럼 느껴졌기 때문이다. 공짜가 없는 세상에서 밥벌이를 하고 가족들을 부양하기 위해서 우리는 어쩔 수 없이 안다가 되어야 한다. 하지만 그 가운데서 소소처럼 외면하고 있는 것이 있지 않은가? 어릴 적 친구들과 나누었던 꿈과 이상들, 그리고 내가 가장 잘하는 것이 무엇인지 고민했던 시간이 이제는 너무 부질없는 추억팔이가 된 것 같아 마음이 씁쓸했다.

안다가 사촌과 함께 시간을 보내는 동안 소소는 멧돼지 산들이를 만난다. 야생에서 태어나 산으로 들로 자유롭게 뛰어다니는 산들이와의 만남은 소소 인생의 전환점이 된다. 산들이는 소소에게 함께 달려보자고 제안하지만 소소는 달려본 적이 없다며 저택으로 돌아온다. 그리고 고민 끝에 결심한다! 머리에 왕관을 쓰고 망토를 두른 채, 왕처럼 군림한 안다를 뒤로하고 소소는 저택을 빠져나온다. 입고 있던 광대 옷은 훌훌 벗어 던진다. 그리고 잠시 후 소소는 산들이와 함께 울타리 너머 펼쳐진 들판을 달려 나간다.

*

어른이 된 지금 나와 친구들은 어릴 때 그렸던 모습과는 조금 다르게 살고 있다. 삶의 결이 달라졌지만 우리는 여전히 만나면 반갑고 행복하다. 그 이유는 서로가 다시 돌이킬 수 없는 그때 그 시절을 공유하며 자랐던 친구이기 때문이 아닐까? 저마다 어떻게 살면 좋을지, 하고 싶은 것이 무엇인지 진지하게 이야기 나누던 우리는 서로에게 또 다른 산들이었던 것이다.

눈앞에 보이는 것만 보고 살다 보니 정작 소중한 것을 잊고 살기 쉬운 삶이다. 그림책은 그 속에서 나와 친구들에게 우리가 기억해야 할 소중한 것이 무엇인지 조용히 되묻고 있다. 당연하게 알고 있다고 과신했던 것들, 세상과 타협하는 어른이 되고 나서야 우리는 우리 안의 소소에게 눈을 돌리는 것은 아닐까? 과감하게 자신의 옷을 벗어 던지고 네발로 뛰기 시작한 소소의 뒷모습을 보며 문득 그리운 친구들의 이름들이 떠올랐다. 오늘은 그들에게, 아니 그들 안의 소소에게 따뜻한 안부를 전해야겠다.

작은 존재들의 파라다이스를 위하여
《그들은 결국 브레멘에 가지 못했다》+《그래봤자 개구리》

사회 현실을 비추는 그림책

그림책으로 일상을 환기하고 소소한 행복을 추구하는 내가 어려워하는 그림책이 있다. 그것은 다름 아닌 사회 문제를 다룬 그림책이다. 학교폭력, 전쟁과 난민, 차별, 가정 및 성폭력, 환경오염 등 그림책이 이토록 다양한 사회 문제를 다루고 있을 줄이야!

루리의 그림책《그들은 결국 브레멘에 가지 못했다》도 같은 이유로 무척 어렵게 다가왔던 작품이다. 강도들을 내쫓고 오두막을 탈환한 네 마리 동물, 그들은 암울한 이 시대를 살아가는 우리의 이웃들로 소환되어 있었다.

＊

　나이가 많다는 이유로 권고사직을 받은 택시 운전사 당나귀, 일하던 식당이 이사 가는 통에 갑자기 실직하게 된 바둑이, 편의점 아르바이트를 하다가 험상궂은 외모 때문에 해고된 고양이, 거리에서 두부를 팔다 쫓겨난 노점상 닭. 이들은 모두 생계를 위해 그저 '열심히' 사는 우리의 모습을 대변하고 있다.

　비합리적인 절차나 어쩔 수 없는 사정, 또는 사회 질서라는 미명하에 일자리를 잃은 동물들은 갑과 을이 엄연히 존재하는 사회구조에서 '을 오브 을'로 힘없이 밀려날 뿐이다. 어떤 저항이나 항의도 하지 않는다. 표정을 잃어버린 얼굴로 거리를 걷다가 지하철에 몸을 싣고 어디론가 향하는 모습은 그들만의 '침묵시위' 같다.

　꿈 고개로 61번 집. 이 앞을 지나던 동물들은 창문 넘어 들려오는 강도들의 신세한탄을 듣는다. 못된 짓도 쉽지 않은 세상, 멍청해서, 너무 늙어서, 열심히 강도 짓을 할 수 없다는 하소연이었다.

　동물들은 그 집의 문을 두드린다. 문이 열리는가 싶더니 매몰차게 쾅 닫힌다. 그러나 다시 열리는 문, 잠시 후 '열심히 살았는데도 일자리를 잃어버린' 네 마리의 동물들과 '열심히 살지 못한 것을 후회하는' 네 명의 강도가 한자리에 모여 앉아 생각한다.

　'이제 뭐 하지?'

절망, 희망이 되다

 그림형제의 원작에서 강도들은 동물들이 오두막에서 내쫓아야 하는 타도의 대상이다. 하지만 그림책《그들은 결국 브레멘에 가지 못했다》에서 그들은 서로의 처지를 공감하며 내일을 고민하는 동지로 등장한다. 무시와 천대를 받으며 점차 설 곳을 잃어버린 이들과 부조리한 현실 속에서 하루를 힘겹게 사는 이들이 모여 과연 무엇을 할 수 있을까?

 누군가의 배에서 꼬르륵 소리가 난다. 먹을 것은 없지만 그 자리에 있는 모두 너나없이 가지고 있는 '전부'를 꺼내 놓는다. 닭은 팔아야 하는 두부를, 고양이는 편의점에서 받은 삼각김밥을, 개는 마지막 남은 김치를, 당나귀는 동료들이 이별 선물로 준 참치 캔을 내놓는다. 냄비와 가스레인지, 수저, 양초는 강도들이 제공한다.
 변변치 않은 것들이지만 김치찌개를 만들며 그들은 조심스럽게 "만약에 말이야"로 시작해 "그럴 수도 있겠다"며 상상의 나래를 펼친다. 그 안에서 꿈 고개로 61번 길 집은 '오늘도 멋찌개'라는 간판을 달고 찌개집으로 변신한다. 강도들과 동물들은 음식을 만들고 손님을 맞이하느라 분주하다. 잠시나마 함께 일하는 상상만으로도 행복했던 그들의 꿈은 과연 현실로 이어질까? 독자는 그림책 뒤 면지를 통해 그 답을 짐작해볼 수 있다.

이 그림책은 대한민국 사회의 비정규직과 일용직의 실상을 비추고 있다. 여기에 생계를 위해 일을 하고 싶어도 더는 할 수 없는 세대의 서러움까지 아우르고 있다.

작가는 다소 불편할 수 있는 사회의 민낯과 문제를 그림책 속 장치를 통해 조명한다. 부당한 현실을 당하는 당사자의 목소리를 생략하고 사각의 프레임 안에 사건을 다룸으로써 독자가 객관적인 거리를 두고 그들의 아픔과 상황을 직관하도록 배려했다. 덕분에 우리는 주인공들에게 동정이나 연민의 시선보다 그들의 아픔을 공감하고 희망을 지지하는 마음을 강하게 품게 된다.

강도와 네 마리 동물은 각자도생이 아닌 '협력과 연대'로 삶을 절망이 아닌 '희망'으로 바꾸어 나간다. 서로에게 '관계없는 타인(nobody)'이 아니라 '의미 있는 타인(somebody)'이 되어 꿈을 현실로 이루어 나갈 기회를 만든다. 의미 있는 타인과 함께라면, 꿈과 희망이 가득한 브레멘은 바로 지금 가장 가까운 곳에 존재하지 않을까?

이제는 뉴스의 단골 기사가 되어 별 감흥 없이 흘려듣는 명예퇴직, 경단녀, 청년 취업난, 고독사 등의 문제는 《그들은 결국 브레멘에 가지 못했다》의 내용과 무관하지 않다. 예전의 나라면 이 작품의 메시지를 사회 단신 기사 정도로 치부했을 것이다. 그러나 이제 이것은 남이 아닌 '나의 이야기'라고 이 그림책은 말하고 있다.

그래! 봤지? 우리가 개구리

  그림책 제목을 보고 소리 내어 읽어본 경험이 있는가? 장현정의 그림책《그래봤자 개구리》는 목소리 톤과 느낌을 달리하며 여러 번 소리 내어 읽어 본 작품이다. 하지만 번번이 읽을 때마다 느껴지는 무시와 깔봄을 피할 수 없다. 기분이 언짢아진다. 다부지게 마음먹고 책을 펼쳐보길 바란다.

*

  바질 시드 같기도 하고, 포도 알갱이 같기도 한 개구리 알. 그 가운데 유난히 푸른빛을 띠는 알이 있다. 자신이 누구인지, 여기가 어딘지, 앞으로 어떤 일이 펼쳐질지 궁금해하는 목소리에서 기대와 설렘이 느껴진다. 하지만 물속 생태계는 태어남과 동시에 시작되는 냉혹한 생존 현장이다.
  커다란 물고기가 올챙이 무리의 반을 삼켜버린다. 하지만 이것은 시작에 불과하다. 올챙이에서 푸른 개구리로 성장해가는 동안 속속 등장하는 새, 족제비, 뱀과 같은 포식자들이 함께 태어난 친구들을 가차 없이 먹어 치운다. 푸른 개구리는 필사의 몸부림으로 곳곳에서 도사리는 생존의 위협을 요리조리 아슬아슬하게 피하며 목숨을 부지한다.

먹이사슬의 굴레 아래 강자들의 먹이가 될 수밖에 없는 개구리의 현실은 비극적이고 비참하다. 할 수 있는 일이라고는 까만 풀숲 아래 몸을 숨기는 것뿐이다. 하지만 어둠 속에서 빛나는 개구리의 두 눈동자는 두려움이 아닌 독기로 가득하다.

"그래! 나 개구리다!"

숨 막히는 정적을 깨며 푸른 개구리는 제 입을 벌려 크게 외친다. 그러자 주변에 몸을 숨기고 있던 수많은 개구리가 목청 높여 함께 운다. 개굴 개굴 개굴 개굴 개굴. 책의 마지막 펼친 면은 온통 개구리 울음소리를 나타낸 의성어로 가득하다. 생각지도 못한 한 마리 푸른 개구리의 돌발 행동은 독자의 가슴을 우렁차게 울리는 합창을 이끌어낸 동시에 공감각적인 전율을 선사한다.

*

삶에 부대끼고 지칠 때마다 가끔 나는 생각한다. 나 역시 생존을 위해 몸부림치는 이 시대의 한 마리 개구리가 아닐까? 그럴 때마다 부조리한 사회와 정의롭지 못한 강자를 심판하는 영화나 소설을 보며 스트레스를 풀었다.

　엄청난 초능력의 슈퍼 영웅이나 싸움의 고수가 그들을 쳐부수고 대항해줄 때 통쾌하고 짜릿했다. 하지만 현실에는 이런 드라마틱한 시나리오는 연출되기 어렵지 않은가. 푸른 개구리는 이처럼 소심하게 대리만족하는 나에게 마치 '힘을 모아 함께 목소리를 높여보자'라고 권유하는 것만 같다.

　한 마리의 개구리는 나약하고 하찮다. 하지만 모두가 함께 모인다면 생각지 못한 힘과 존재감이 발휘된다. 푸른 개구리의 또렷한 두 눈빛을 기억하며 나도 용기의 목소리를 내본다. 혼자서는 불가능한, 하지만 함께라면 가능한 일. 은근한 '무시와 깔봄'의 '그래 봤자 개구리'가 아닌, 두둑한 '배짱과 깡'으로 "그래! 봤지? 우리가 개구리다!"라고.

결혼생활에 로그인하셨습니다

《규칙이 있는 집》+《모모와 토토》

부부싸움으로 터득한 규칙

 '부부는 일심동체' 이것은 결혼과 함께 완성되는 '시제완료형'의 말이 아니다. 무려 15주년을 바라보는 결혼생활 짬밥에도, 애를 쓰고 기를 써서 지켜내고 있는 '시제진행형'의 말이다. 인생의 동반자로 혼인서약을 한 이후, 머지않아 그 서약을 깨고 싶은 유혹의 평지풍파가 불어닥친다. 타고난 기질과 성향은 물론 태어난 가정과 환경이 다른 성인 남녀가 일심동체가 되기 위해, 어쩌면 부부싸움은 결혼생활에서 피해갈 수 없는 필수 코스일지도 모른다.

 남편과 나는 유난히 결혼생활의 필수 코스를 자주 통과했다.

이제는 싸울 기운조차 없지만, 여전히 많은 문제와 고비가 우리를 시험한다. 어쩔 수 없이 부딪힌다면, 수많은 경험 속에서 터득한 규칙을 지키며 매너모드를 준수해야 한다.

   남편에게 감정이 난립하는 진흙탕 싸움으로 대응하는 것은 반칙이다. 나에게 무시하는 말투와 예의 없는 태도를 보일 경우 레드카드를 받는다. 이처럼 배우자와 징그럽게 싸우다 보면 놀랍게도 '합이 맞는 지점'이 생긴다. 이것이야말로 부부싸움의 쾌거가 아닐까.

*

   맥 바넷의 그림책 《규칙이 있는 집》은 뚜렷하게 다른 성향을 가진 이안과 제니 남매의 이야기다. 캠핑 날 아침, 여행 준비를 하는 두 사람의 모습만 봐도 그 차이를 확연히 알 수 있다.

   늘 규칙을 지키는 동생 이안의 방은 호텔을 방불케 할 만큼 깔끔하고 정갈하다. 색깔별로 분류된 옷과 열 맞춰 정리된 장난감, 이 와중에 여행 가방에 각을 잡아 옷을 정리하는 모습은 그야말로 완벽하다!

   반면 건너편 누나 제니는 문턱을 넘는 순간부터 부산하다. 들고 있는 과자봉지에서 부스러기가 떨어져도 상관하지 않을뿐더러 짐 가방은 제대로 닫혀 있지 않다. 달라도 너무 다른 이 두 사람이 과연 캠핑을 잘 마칠 수 있을까?

두 사람은 목적지에 도착하자마자 통나무집에서 지켜야 할 규칙을 두고 언성을 높이며 싸운다. 당당히 규칙을 소리 내어 읽는 이안, 그런 동생을 "답답아"라며 비꼬는 누나 제니. 결국 제니가 모든 규칙을 어기면서부터 문제가 발생한다. 이안은 누나를 지적하고 나서지만 그녀는 마지막 규칙이었던 '빨간 문을 열지 말라'는 조항까지도 어겨버린다. 그들은 경멸에 찬 눈빛과 모멸의 표정으로 서로를 노려본다.

두 사람의 팽팽한 긴장감과 부정적 감정은 결혼 후 우리 부부가 경험했던 '멘탈 붕괴'의 순간을 고스란히 떠올려주었다. 남편은 뱀 허물처럼 옷을 벗어두었고, 간식을 먹고 난 후 쓰레기를 치우지 않았다. 그 뿐인가. 비슷해 보이는 컴퓨터 부품을 자꾸 샀다. 그런 배우자의 태도가 거슬렸던 나는 설거지를 할 때 기름 그릇을 분류하지 않았고, 읽고 난 후 책들을 탑처럼 쌓아두었다. 또한 공용 컴퓨터 바탕화면 폴더를 정리하지 않았다.

우리는 고객 센터 불만 접수처럼 상대방의 행동에 대한 시정 방안을 여러 차례 요구했지만, 어느 순간 깨달았다. 무의식적인 습관에서 나오는 '내재화된 생활양식'은 죽었다 깨어나지 않고서는 고칠 수 없다는 사실을. 그때 남편과 나는 제니와 이안 같은 눈빛과 표정으로 서로를 노려보았다.

*

결국 그날 밤, 제니는 규칙을 어긴 대가로 통나무집 괴물들의 저녁 식사 거리가 되어야 할 처지에 놓이게 된다. 이안은 규칙을 잘 지켰다며 누나를 두고 통나무집을 탈출한다. 하지만 얼마 못 가 발걸음을 멈추고 생각한다. 규칙에는 '누나가 괴물들에게 잡아먹히면 반드시 구할 것'이라는 내용이 없다. 하지만 그는 다시 통나무집으로 향한다.

규칙이 곧 신념이었던 이안이 새로운 결심을 할 수 있었던 까닭은 무엇일까? 나는 그것을 '사랑'이라고 감히 단언한다. 남녀 간의 불타오르는 뜨거운 사랑이 아닌, 은은하게 피어오르는 가족 간의 정과 측은지심 말이다.

부부는 한 지붕 아래 공존하는 두 개의 '서로 다른 세계'다. 이 세계의 평화를 위해 지금까지 지켜온 '싸움의 규칙'들. 나는 이안에게서 배운 사랑을 실천하기 위해 여기에 '그럼에도 불구하고'라는 조항을 더해본다.

'그럼에도 불구하고 당신을 이해하고 사랑합니다.'

부사구 하나의 힘이 이토록 클 줄이야!

덕분에 '부부는 일심동체'라는 말을 지켜내기 위한 우리 두 사람의 수고로운 마음은 안녕하다.

너를 위해 준비한 꽃

결혼과 출산은 나의 인생을 바꾼 역대급 사건이다! 이 사건이 의미 있는 까닭은 나 자신의 성찰과 함께 상대방에 대한 이해력을 끊임없이 '갱신'시켜주기 때문이다.

'나 정도면 꽤 괜찮은 사람'이라고 자부했던 마음은 자만이었다. 나와 다른 남편, 그리고 그와의 사이에서 태어난 전혀 다른 두 아이까지. 사회의 가장 작은 단위인 가정에서 나는 겸손을 배운다. 그리고 타인에 대한 이해의 길을 묻는다. 김슬기의 그림책 《모모와 토토》를 보며 그 길은 과연 무슨 색깔인지 생각해 보았다.

*

모모는 바나나 우유를 좋아하고 야구를 좋아하는 원숭이다. 그의 방은 온통 노란색 천지다. 토토는 당근 수프를 좋아하고 그림 그리는 걸 좋아하는 토끼다. 토토의 방은 어떤 색깔로 가득할지 쉽게 짐작할 수 있다. 종도 다르고 코드도 다르지만 모모와 토토는 '단짝 친구'다. 처음에 둘은 사이좋게 어울려 논다. 하지만 얼마 후 모모의 태도가 일방적으로 흐르기 시작한다.

모모는 토토에게 하트 풍선을 비롯한 자동차 장난감, 모자, 우산 심지어 "내 마음이야"라고 고백하며 꽃다발을 준다. 하지만 토토는 곤욕스럽다. 모모의 호감은 알겠지만, 이 모든 것이 전부 '노란색'이기 때문이다. 토토는 주황색을 좋아하는 자신의 마음을 말하려고 하지만 모모는 전혀 눈치채지 못한다.

결국 화가 난 토토는 떠나버린다. 뒤늦게 돌아온 모모는 자신과 놀지 않겠다는 토토의 쪽지를 발견한다. 노란색 장난감을 한가득 들고 온 그는 그제야 토토의 입장에서 생각한다.

'토토는 왜 화가 났을까?'

《관계를 읽는 시간》을 쓴 문요한은 '갈등회복력'이 좋은 사람들은 갈등으로 인해 관계가 손상되더라도 절망하거나 격분하지 않으며 대화를 시도한다고 말한다. 특히 '회복대화'를 사용하는 빈도가 높은데, 이들은 싸우고 난 뒤에 회복대화를 써서 감정을 추스르고 관계를 복원한다고 한다. 상대를 이기는 것보다, 누가 맞고 틀리느냐를 따지는 것보다, 갈등 회복의 포인트인 '연결'을 더 중시하기 때문이다.

그런 의미에서 모모의 질문은 의미가 크다. 지금까지 늘 자기식대로 일방통행이었던 모모가 처음으로 상대의 마음을 궁금해하며 관계를 다시 연결해나가기 시작했기 때문이다.

온통 노란색으로 가득 찬 집에서 토토가 남기고 떠난 주황색 쪽지를 보고 있는 모모의 모습은 타인을 이해할 때 우리가 가져야 하는 첫 마음처럼 다가왔다.

불현듯 무언가 깨달은 모모는 토토의 집으로 향한다. 토토는 커튼 뒤에 숨어 만남을 거부하지만 모모가 내민 꽃 한 송이가 그의 마음을 바꾼다. 토토의 손에 들린 꽃의 색깔이 다름 아닌 주황색이었기 때문이다. 모모는 처음으로 관계에서 상대방의 색깔을 인정하고 존중해준 것이다.

그림책 작가는 앞서 떠난 토토를 수소문하는 과정에서 모모가 만난 동물들을 각각의 색깔로 표현했다. 보라색의 돼지, 갈색의 다람쥐, 녹색의 판다 등. 작가는 저마다의 기호와 개성, 고유성을 가진 타인과 더불어 살면서 나는 어떻게 그들을 이해하고 살아가야 하는지 색을 통해 은유적으로 묻고 있는 것 같다.

모모와 토토가 화해한 후 함께 어깨동무하고 있는 장면은 그래서 더욱 가슴 뭉클하고 감동적이다. 노란색 티셔츠를 입고 주황색 꽃을 든 모모와 주황색 티셔츠를 입고 노란색 꽃을 들고 있는 토토. 이 둘은 비로소 완벽한 단짝 친구가 됐다.

부부로 살면서 수많은 애증의 시간을 보내고 난 후의 모습이 어쩌면 모모와 토토 같지 않을까? 나와 배우자의 행복, 그 끝에서 내가 들고 있을 꽃과 남편이 들고 있을 꽃이 서로의 색깔이길 소망해본다.

Part 2

그림책이 엄마를 바꿉니다

란 의 이야기

아이에게 쉽게 하지 못했던 말 "뭐 어때!"
꽃마다 제 계절이 있다
삐약이와 니양이가 함께 빛날 때

아이에게 쉽게 하지 못했던 말 "뭐 어때!"

《에드와르도 세상에서 가장 못된 아이》 + 《뭐 어때!》

그림책이 가져다준 변화

    그림책이 처음 삶에 들어온 날을 기억한다. 아이들이나 보는 책이라며 그림책을 낮잡아보는 사람들이 많던 시절이었다. 글쓰기 모임에서 한 문학평론가 선생님이 굵직한 육성으로 그림책 한 권을 읽어주셨다. 사노 요코의 《100만 번 산 고양이》였다.

    주인공 얼룩 고양이는 100만 번이나 '누군가의 고양이'로 살았다. 죽을 때마다 주인의 절절한 애도를 받았지만, 정작 행복하지 않았던 고양이는 단 한 번도 울지 않았다. 그러던 어느 생에 처음으로 주인 없는 자유로운 몸으로 태어나 흰 고양이를 만나고 일생을 행복하게 보낸다. 자식들도 길러 독립도 시킨다.

그렇게 둘만의 평온한 시간을 보내던 어느 날, 흰 고양이는 고요히 세상을 떠난다. 얼룩 고양이는 더는 움직이지 않는 흰 고양이 옆에서 생에 처음으로 울음을 토하며 절규한다. 그러고 나서 다시는 태어나지 않았다.

 누군가를 주체적으로 사랑한 후에야 비로소 삶에 의미를 가졌던 얼룩 고양이는 사랑의 대상을 상실하고 마침내 100만 번이라는 긴 여정에 마침표를 찍었다.

*

 삶과 사랑에 대한 깊은 이해를 요구하는 그림책을 만나고, 하나의 신념이 생겼다. 삶에서 의미 있는 단 하나의 단어를 길어 올린다면 그것은 '사랑'일 것이란 믿음이다. 그런데 그토록 아름다운 경험으로 얻은 신념이 일상에서 종종 흔들릴 때가 있다. 신이 세상에는 마음대로 되지 않는 것도 있다는 사실을 일깨워 주고자 보내신 아이와 실랑이를 벌일 때다.

 우리 집은 특히 목욕 시간에 자잘한 상처를 두고 아이와 실랑이를 벌인다. "아플 것 같아"라며 버티는 아이와 어떻게든 빨리 씻기고 쉬고 싶은 엄마 아빠의 대치 상황은 빈번하게 벌어졌다. 매번 같은 상황에 피로감은 높아졌고, 우리 부부는 어느새 아이에게 '예민한 아이'라는 프레임을 씌우고 있었다. 그로부터 얼마 후 한 권의 그림책을 만났다. 보는 내내 매우 불편했던 존

버닝햄의 《에드와르도 세상에서 가장 못된 아이》였다. 그림책에는 여러 다른 모습의 우리가 등장했다.

어른들은 몰라요

 세상에서 가장 못된 아이가 있다. 하지만 처음부터 그런 것은 아니다. 흔히 볼 수 있는 보통 꼬마였던 에드와르도는 가끔 물건을 발로 걷어차거나 더러 시끄럽게 떠들거나 때때로 동생을 괴롭혔다. 아침에 세수와 양치질하는 것을 자주 까먹고 방 정리도 서툴렀다. 그때마다 어른들은 에드와르도에게 이렇게 말했다.
 "세상에서 가장 ○○○한 녀석!"
 어른들은 빈칸에 참 다양한 말들을 넣었다. '버릇없는, 시끄러운, 심술궂은, 사나운, 뒤죽박죽 엉망인'과 같은 매우 부정적인 단어다. 행동 하나하나마다 부정적인 피드백을 받은 에드와르도는 며칠, 몇 주, 몇 달이 될수록 점점 눈치 없고 사나워졌다. 시간이 쌓일수록 시끄러워졌고 주변 사람들을 더 괴롭혔다. 결국 에드와르도는 세상에서 가장 못된 아이로 낙인찍힌다. 영민한 작가 존 버닝햄은 어른들이 내뱉었던 말을 통해 '낙인 효과'가 아이에게 어떤 영향을 주는지 아주 명징하게 보여주었다.

낙인 효과는 평상시 부정적인 이미지로 낙인찍힌 사람이 의식적·무의식적으로 그렇게 행동하는 현상을 말한다. 세상에서 가장 못된 아이, 에드와르도는 어른들의 매몰찬 말과 행동에서 탄생했다. 그림책에 등장하는 어른들에게는 세 가지 공통점이 있었다. 먼저 에드와르도에게 어쩌다 그런 일이 생겼는지 이유를 묻지 않았다. 또 나쁜 행동이라며 섣부르게 예단하고 손가락질과 비난으로 반응했다. 마지막으로 두 번째 기회는 주지 않았다는 점이다.

*

　그림책 속 어른들은 왜 이렇게 야박했을까? 이런 어른들은 그림책 속에만 존재할까? 경중의 차이만 있을 뿐, 현실 속 어른들도 별반 다르지 않다는 생각이 들었다. 우리 부부도 마찬가지다. 우리는 종종 어른의 엄격한 기준으로 아이를 대할 때가 많았다. 바쁘다는 이유로, 어른의 기준에서 하찮다는 이유로 미처 살피지 못했다. 어쩌면 아이가 이번만큼은 잘해보겠다고 다짐한 일이 틀어진 것일 수도 있고, 그럴 만한 이유가 있었지만 유려한 말솜씨가 없어 제대로 설명하지 못했을 수도 있다. 우리 부부도 아이에게 어른의 기준으로 다그쳤던 건 아닌가 반문하게 됐다.
　우리는 과연 그림책 속 어른들과 다르다고 자신할 수 있을까? 그림책에서는 이토록 잘 보이는 아이 마음과 육아의 올바른 방법이 현실에서는 뿌연 안개처럼 잘 보이지도 잘 되지도 않는다.

"넌 왜 그렇게 예민해?"

얼마 전 내뱉고 말았던 말은 에드와르도에게 꽂힌 비난의 말들과 닮았다.

만약 "그래, 아플 수도 있어" "씻을 때만 좀 참아보면 어떨까?" "엄마가 함께 있어 줄게" "상처에는 물이 닿지 않도록 해보자"와 같은 위로와 격려의 말을 했더라면 어땠을까? 더 버릇없는 아이가 되었을까? 좀 더 씩씩한 아이로 한 걸음 나아갔을까?

이미 지나버린 일에 대한 후회감이 밀려들었다. 그림책을 만난 후 에드와르도를 기르고 있지는 않은지 현실을 점검하기 시작했다. 부모의 피곤함이 더는 핑계가 되어서는 안 됐다. 다행스럽게도 친절한 작가 존 버닝햄은 그 해답을 그림책에 실어주었다.

*

비난의 말, 부정적인 피드백에 꾸준히 노출된 채 자란 에드와르도는 여전히 화분을 발로 걷어차고 일부러 짓궂은 장난을 일삼았다. 그러던 어느 날 에드와르도에게 삶의 터닝 포인트가 생겼다. 중절모를 쓴 한 어른에게 의외의 말을 듣고부터다.

평소처럼 화분을 발로 걷어차 흙 위에 툭 떨어뜨렸을 때 그는 에드와르도에게 정원을 가꾸기 시작했느냐고 묻더니, 예쁘다고 칭찬하며 다른 식물을 더 심어 보라고 말한다. 에드와르도는 어안이 벙벙했지만, 그 말에 식물을 길렀고 제법 솜씨도 있었다. 그러자 사람들은 자기 정원도 손봐달라고 부탁한다. 어른들의 반응이 180도 달라진 것이다. 이상한 일들은 계속된다. 어느 날 '사나운' 에드와르도는 지나가는 개에게 일부러 물 한 바가지를 끼얹었다. 그런데 주인으로부터 개를 씻겨줘서 고맙다는 말을 듣는다. 이어 동물에게 상냥한 아이라는 칭찬도 받는다. 심지어 에드와르도에게 자신의 애완동물을 부탁하는 어른들도 생긴다.

때때로 어수선하고 사납고 지저분하고 못되게 굴던 에드와르도는 전과 같은 일을 했지만, 이번에는 칭찬과 긍정적인 평가를 받았다. 에드와르도는 어떻게 됐을까? 전혀 다른 아이로 변했다. 세상에서 가장 사랑스러운 아이로 말이다. 과연 바뀐 건 아이일까 어른일까.

관심과 지지는 칭찬이라는 옷을 입고 에드와르도를 사랑스러운 아이로 재탄생시켰다. 한 아이를 향한 두 그룹의 온도 차는 극명했다. 내 안의 역치가 일어났다. 그림책은 아이에게 변화의 가능성과 기회를 주는 것은 결국 시선과 말을 바꾸는 데서 출발한다는 사실을 깨닫게 했다. 우리 부부는 어렵더라도 '이

정도는 해야지!'라는 어른의 잣대와 능률 위주의 결괏값만 요구하는 태도부터 버려야 했다. 무엇보다 아이가 예민하다고 예단할 것이 아니라 '아이들은 원래 그럴 수 있어'라는 생각의 여지를 만드는 것이 가장 시급했다. 사실 아이가 예민한 데는 날카로운 엄마와 까칠한 아빠의 영향도 있다. 매사 실패 가능성부터 계산하고 통제하기 어려운 상황 앞에서 힘들어하는 부모의 모습을 보고 자란 아이에게 초연함과 무던함을 요구하는 것은 무리 아닌가?

예민함이 타고난 성격이어서 어쩔 수 없다는 부정적 시선으로 아이의 가능성을 재단하기 전에 우리 부부도 아이도 굳어진 관성을 깨고 가능성을 열어줄 키가 필요했다. A=B라는 정답이 아닌, A=B 또는 C, D도 될 수 있다는 유연한 사고가 절실했다. 그림책 《뭐 어때!》는 우리 상황에 딱 맞는 처방전이었다.

"어떡해" 하면 "뭐 어때!"

요란스럽게 울려대는 자명종은 벌써 11시를 가리킨다. 그 소리에 눈뜬 적당 씨는 지각 확정. 하지만 이렇게 생각했다. '뭐 어때!' 아니, 뭐라고? 회사원이라면 대부분 조바심 내며 회사에 연락하고 눈썹 휘날리게 뛰쳐나가야 정상 아닌가?

K-직장인의 입장에서 사토신의 그림책《뭐 어때!》의 적당 씨는 이름처럼 적당히 사는 사람처럼 보였다. 비상사태에 대처하는 태도가 상식과는 거리가 멀다. 이어지는 적당 씨의 행동은 더 기가 찰 노릇이었다. 지각은 했지만, 회사는 가야 한다며 뒤늦은 출근 준비를 하면서도 아주 느긋했다. 넥타이를 털 뭉치처럼 매고 "뭐 어때!"라며 아침밥까지 챙긴다. 그것도 음악까지 들으며 여유롭게 말이다. 집을 나서기 전 고양이 밥 챙기는 것도 잊지 않는다. 버스 정류장으로 향하면서도 뛰기는커녕 경치와 꽃을 보며 여유를 부린다.

　그림책을 현실의 눈으로 보니 뒷이야기가 더 궁금해졌다. 작가는 어떤 방식으로 결론을 내려고 이러는지 눈과 손이 바빠졌다. 버스에 올라타고서도 여유롭게 신문을 읽던 적당 씨는 급기야 내릴 정류장을 지나친다. 회사는 점점 멀어졌지만 아랑곳하지 않고 평소와 다른 풍경을 즐긴다. 그렇게 해안도로에 도착하고서야 버스에서 내린다. 그런데 뭔가 허전하다. 이런! 가방을 두고 내렸다. 적당 씨는 여전히 괜찮았다. 바다를 보자 기분 좋아진 적당 씨는 바다를 향해 달린다. 그러다 넘어져 바닷물에 온몸이 홀딱 젖어도 "뭐 어때!"라며 젖은 김에 옷까지 훌렁훌렁 벗어던지고 바다를 즐긴다.

나와 아이에게 이런 상황이 닥쳤다면 분명히 "어떡해"로 시작해 온갖 투덜거림으로 시간을 채웠을 것이다. 그런데 팬티 하나 달랑 걸치고도 당당한 모습이라니. 그 여유롭고 태연한 태도가 지금 우리에게 필요한 부분이었다.

   아이와 함께 그림책을 보는 동안 아이는 적당 씨가 문제에 직면한 순간마다 "뭐야! 뭐야!"라는 감탄사를 쏟았다. 놀라고 어이없지만 목소리에는 웃음기가 가득 배어 있었다. 아이는 처음으로 그림책을 사달라고 했다. 분명히 즐거웠으리라.

   이후 아이와 나는 한동안 당황스럽거나 해내지 못한 작고 소소한 일들 앞에서 "뭐 어때!"를 외쳤다. 지금은 하나의 주문 같아져 누구든 먼저 "뭐 어때!"라고 말하면 눈짓을 주고받으며 웃는다. 지면을 빌려 사토신 작가에게 전하고 싶다.

   "제 아이의 정서 한 귀퉁이에 지분을 획득하셨습니다. 경축."

   '부모'라는 새 이름을 가진 후 알게 된 사랑이 있다. 아이를 향한 '곡진한 사랑'이다. 곡진이라니 신문에서도 잘 안 쓰일 단어지만, 이 말 외에 표현할 길이 없다. 아이의 탄생과 동시에 저절로 장착되는 사랑이다.

   그 곡진하던 사랑이 일상에 치여 까맣게 잊히는 순간들이 우리 사이를 비집고 들어오려 할 때마다 "뭐 어때!"라고 초연하게 말하던 적당 씨를 떠올린다. 이제 우리 부부는 안다. '우리 집 아이는 아이답다'라는 사실을.

꽃마다 제 계절이 있다

《홈런을 한 번도 쳐 보지 못한 너에게》+《씨앗 100개가 어디로 갔을까》

인생의 홈런

  2 대 4로 '니시자카 26'이 2점 뒤지고 있다. 6회 초 1아웃, 주자는 1, 3루. 타자는 7번 2루수 데구치 루이. 지금까지 삼진만 두 번.
  인생에는 결정적인 승부수를 띄워야 할 때가 있다. 특히 형세가 불리해 승부를 뒤집기 위한 마지막 찬스라면 어떨까? 그 긴장감은 배가 된다. 손에 땀이 나고 가슴은 콩닥거리고 호흡도 거칠어진다.
  그림책《홈런을 한 번도 쳐 보지 못한 너에게》의 루이가 딱 그런 상황이었다. 이번 경기에서 타자로 삼진만 두 번째라는 말은 앞서 자기 차례에서 두 번이나 제대로 공을 치지 못했다는 뜻이다. 게다가 주자가 1, 3루에 있으니 홈런을 친다면 역전이지만, 땅볼이라도 치면 그대로 이닝(6회 경기)이 끝날 상황이다.

루이는 안전하게 공을 쳐 3루 주자를 홈으로 불러 1점이라도 낼 생각이다. 하지만 루이 팀 감독은 생각이 달랐다. 루이만 잘 쳐준다면 최소 1점은 얻고 장타나 홈런을 친다면 동점이나 역전도 가능하니 루이에게 정면승부를 요구했다. 루이는 감독의 응원에 자신감을 가지고 배트를 크게 휘둘렀다. 하지만 결과는 실패. 공은 2루수 앞으로 굴러갔고 주자 둘 다 아웃당했다. 최악의 상황이었다. 결국 루이 팀은 패했다. 자전거를 타고 집으로 돌아오는 루이는 얼굴을 한껏 찡그렸다. 얼굴만 봐도 패배의 쓴맛이 느껴졌다.

*

야구는 인생과 닮았다. 혼자서는 할 수 없고 각자 맡은 포지션에 충실해야만 경기가 원활히 돌아간다. 필드에서 뛰는 선수 외에 조력자도 많다. 경기 특성상 경우의 수가 너무 많아 맨 마지막까지 가봐야 승패를 알 수 있다. 때때로 승패가 갈리지 않으니 정답 없는 인생과 비슷하다. 그런데 아이를 키우면서 이런 인생 불변의 진리를 잊을 때가 많다. 남들만큼 뭐든지 잘했으면 좋겠고 돈 들인 만큼 해내면 좋겠고 똑똑하고 남다르다는 말도 한 번쯤 들어보고 싶다. 이왕이면 내 아이가 발군의 4번 타자라면 얼마나 좋을까. 부모라면 저절로 갖게 되는 욕망일 터다.

부모의 자리에 서니 자꾸 욕심쟁이가 된다. 하지만 우리는 부모로서 기대와 다른 결과 앞에서 우리 아이가 자신을 어떻게 돌봐야 하는지부터 가르쳐줄 준비를 해야 한다. 그래야 내 아이가 한 번도 홈런을 쳐보지 못한 그림책 속 루이와 같은 순간을 마주했을 때, 제대로 된 부모 역할을 할 수 있을 테니까.

루이처럼 또 한 뼘 자랐다

태권도를 사랑하는 우리 집 아이도 좌절과 절망감을 크게 느낀 사건이 있었다. 2년 가까운 수련 끝에 국기원 심사를 앞두고 있던 어느 날, 심사 이틀을 앞두고 비보가 날아들었다. 학원 선생님의 코로나19 확진으로 아이가 밀접 접촉자로 분류된 것이다. 코로나19로 몇 번 연기된 끝에 확정된 일정이었지만, 상황이 상황인지라 부득이 참가할 수 없게 됐다. 전화를 끊고 학교로 아이를 데리러 가면서 어떻게 이 상황을 설명해야 할지 난감했다.

아홉 살 인생 중 처음으로 큰 도전을 앞두고 자신의 의지와 상관없이 벌어진 일을 잘 받아들일지 걱정스러웠다. 급작스럽게 불려 나온 아이는 무슨 일이냐며 놀란 토끼 눈으로 쳐다봤고, 이내 소식을 들은 아이 눈에는 눈물이 그렁그렁 차올랐다. 길 위에서 펑펑 우는 아이를 달래 집으로 데리고 왔지만, 좀체 그칠 줄을 몰랐다.

국기원 심사에서 꼭 품띠를 따겠다며 3개월 동안 매일같이 품새 연습을 해왔던 아이였다. 가까워지는 날짜를 셈하며 "나 잘할 수 있겠지?" "동작 까먹으면 어쩌지?"라며 불안과 설렘을 동시에 느끼며 보냈던 시간인 만큼 아쉬움과 억울한 마음은 당연했다. 언제 다시 심사가 있을지도 알 수 없는 상황. 아이는 마음이 너무 상한 나머지 자기는 운도 없다며 자책하고 급기야 심사를 보지 않겠다고 선언했다. 어쩔 수 없이 좌절된 기회 앞에서 아이는 절망했고, 도전을 포기하겠다는 생각에 이르렀다. 우리 아이도, 루이도 표현할 길 없는 실망감에 마음을 추스르기 힘겨웠을 거다.

*

루이는 경기 후 속상한 마음을 채 털어내지 못한 채 엄마 심부름으로 마트에 갔다가 우연히 동네 형 센을 만난다. 한때 고교 야구부 주전이었던 그는 홈런을 못 쳐 아쉬워하는 루이에게 전설적인 야구선수 이야기를 들려준다. 자신만의 절묘한 타격법을 익힌 선수와 그런 기술은 없지만, 속도와 힘을 이용한 타격감을 익히기 위해 10년 동안 웨이트 트레이닝으로 몸을 만든 선수 이야기다. 센은 한 번도 홈런을 쳐보지 못한 사람이 갑자기 홈런을 칠 수 없다는 진리와 노력에는 그만한 시간이 필요하다고 조언해준다.

루이는 센과의 대화를 통해 위축된 마음을 추스르고 마음을 다잡는다. 혼자 공원에 남아 느린 동작으로 배팅 연습을 하는 센을 뒤로 하고 집에 돌아온 루이는 엄마에게서 의외의 이야기를 듣는다. 작년에 센이 집안일을 도와 배달하던 중 교통사고로 크게 다쳐 걷지 못할 수도 있었는데, 주변의 예측과 달리 재활을 통해 걷게 되었다는 사연이었다. 센은 자신의 꿈을 위해 절망을 딛고 의연한 태도로 전진하는 실천적 삶을 보여준 것이다. 센은 좌절을 겪은 아이에게 우리가 해줄 수 있는 응원이 무엇인지 알려주었다.

그림책 속 센 형을 미리 만나두었다면 좋았을 텐데. 기대와 다른 결과 앞에서 우리 집 아이는 자기 힘으로 마음을 다독여야 했다. 그때 우리 부부가 해줄 수 있는 일은 그저 따뜻한 품으로 아이를 안아주고 다독거리며 "속상하지, 속상할 거야" "괜찮아. 더 잘하라고 시간이 생겼나 보다"라는 위로뿐이었다.

그것 말고는 무얼 해주어야 할지 우리 부부는 알지 못했다. 그저 아이의 감정에 공감하고 함께 있어주는 게 전부였다. 한참 자신의 감정을 토해낸 아이는 조심스럽게 엄마와 아빠의 반응을 살폈다. 정말 괜찮은지 확인하고 싶은 심리였을 것이다.

우리 부부는 솔직해지기로 했다.

"네가 얼마나 노력했는지, 엄마 아빠가 가장 잘 알아. 지금은 무척 아쉽고 속상하지만, 그래도 괜찮아. 다음이 있어. 그땐 더 멋지게 해낼 거야."

그렇게 말하고 서로를 힘껏 안아주었다.

걱정과 달리 아이는 얼마 지나지 않아 멀쩡해졌다. 아이의 회복탄력성을 보면서 감탄했다. 태권도 심사 사건은 세상에는 때때로 노력해도 어쩔 수 없이 포기하거나 받아들여야 할 일도 있다는 사실을 아이와 함께 경험한 일이었다.

무엇보다 아이에게 부모의 불안은 쉽게 전염되며, 부모의 솔직함과 의연함 사이에서 아이의 안정감이 자란다는 사실을 배웠다. 부모만 든든하게 자리해준다면 아이는 건강하게 클 수 있다. 우리 가족은 그렇게 또 한 뼘 자랐다.

지지와 기다림의 미학

꿈꾸는 것, 도전하는 것, 아이를 키우는 것은 노력 외에도 지지와 기다림의 미학이 필요하다는 점에서 비슷하다. 세 가지 모두 주변의 지지가 큰 버팀목이 되고 노력하는 공임과 기다림이라는 시간이 필요하기 때문이다. 우리는 이 뻔한 사실을 잊고 자주 조급해진다. 작은 실패라도 경험하면 크게 좌절하고 남과 비교하며 더 불안해한다.

당장 결과물이 나오지 않아 조바심이 나고 다음 기회가 없을 것만 같다면, 그림책 《씨앗 100개가 어디로 갔을까》를 만나보길 권한다.

*

꿈과 희망을 가득 품은 한 그루의 나무는 모든 일이 잘되길 바라며 완벽한 하루, 더할 나위 없는 어떤 하루를 기다린다. 매서운 추위, 비바람, 무더위를 견디고 드디어 기분 좋은 바람이 불던 날 나무는 품고 있던 씨앗 100개를 날린다. 그런데 100개 중 10개는 도로 한복판에 떨어지고 90개 중 20개는 강물에 빠진다. 남은 70개 중 10개는 바위 위에 떨어지고 25개는 새들이 먹어버렸다.

예상치 못한 일로 남은 씨앗은 겨우 3개. 그 씨앗만 싹을 틔워 간신히 나무 모양을 갖춘다. 다행스러운 마음도 잠시, 어렵게 살아남은 여린 나무를 토끼 한 마리가 다가와 둥치까지 먹어버린다. 이 모든 것을 바라보는 나무는 얼마나 아팠을까? 노력이 물거품이 되었지만, 나무는 여전히 좌절하지 않고 기다렸다. 모든 씨앗을 잃고도 기다리는 나무의 의연함이 그저 대단하게만 느껴졌다.

시간이 얼마나 흘렀을까. 숲에는 나무의 바람과 믿음대로 새 나무 열 그루가 쑥쑥 자라났다. 씨앗을 꿀꺽 삼킨 새가 여기저기 똥을 싼 곳에서 나무가 자랐다. 바위 틈바구니 조그만 땅에 떨어진 씨앗도 깨어났다. 그렇게 사라진 줄로 알았던 다른 씨앗들이 마법처럼 고개를 내밀었다. 실제로 씨앗이 나무가 될 확률은 희박하다.

페터 볼레벤의 《나무 수업》에 따르면 너도밤나무는 180만 개 씨앗을 날려도 단 한 그루 정도만 살아남을 수 있다. 나무는 그걸 알면서도 묵묵하게 제 할 일을 해낸다.

*

이 두 권의 그림책을 보는 내내 수많은 노력과 애씀이 당장 결과물로 나오지 않아 조급했던 지난날과 앞으로 아이가 마주칠 날이 겹쳐 보였다. 우리는 아이들이 겪는 크고 작은 실패를 염려하고 때로는 채근하며 소중한 시간을 허비한다. 기다림보다 아이가 실패하지 않을 환경을 만들려고 애쓰고 삶에 가성비를 따지기도 한다. 아이들이 진정 원하는 것은 심리적 안정감인지도 모르는데 말이다. 우리 집 아이도 한 달 넘는 공백을 거쳐 품띠를 따는 데 성공했다.

아이를 기르는 일은 조급함과 기다림 사이에 부모의 적당한 자리를 마련하는 게 아닐까. 훗날 아이의 재능과 노력이 어디에 어떻게 쓰이고 쌓일지 현재의 우리는 모른다. 아이들은 자신의 바람대로 삶을 살아갈 것이고, 그 여정도 아이의 몫이다. 그 모든 과정과 결과는 기다림을 통해서만 알 수 있다. 부모인 우리가 할 수 있는 일은 조용한 지지와 기다림뿐이다.

삐약이와 니양이가 함께 빛날 때

《삐약이 엄마》+《나는 사자》

내가 잘 키우고 있나?

외동아이를 키우다 보면 도처에서 듣는 말이 있다.
"외동이라서 그래."
외동아이는 종종 '사회성이 부족하다' '이기적이다'라는 프레임으로부터 그것이 아님을 증명해야 한다. 또 외동아이의 부모는 '너 편하자고 아이 하나만 낳냐?'는 타박과 '애가 외로워서 어째!'라는 동정 어린 시선으로부터 자유롭기 어렵다.
하물며 형제가 있는 아이와 똑같은 잘못을 해도 외동이어서 그렇다는 근거 없는 핀잔을 들어야 할 때도 있다. 그래서일까? 아이라면 으레 할 수도 있는 투정이나 실수에도 '혹시 외동이라

그런 건가?' '내가 그렇게 키우고 있나?'라는 자기검열을 작동시켜 왕왕 혹독하게 대한다. 하지만 그것은 오해와 편견이라고 말하고 싶다.

*

   사회심리학자 수전 뉴먼 박사는 '현대의 외동아이는 보육시설과 유치원에서 사회화 교육을 충분히 받고 있으며 취학 후에도 교육이 이어져 사회성이 떨어질 이유가 없다'고 주장한다. 또 저널리스트로 활동 중인 로렌 샌들러는 학계 연구 결과와 케이스 스터디, 전문가와의 인터뷰를 통해 외동아이와 관련된 낭설을 분석해《똑똑한 부모는 하나만 낳는다》에 실었다. 그는 500건이 넘는 과학적 연구가 외동에 대한 공평하지 못한 말들이 모두 고정관념이었을 뿐이라는 내용을 담고 있다고 말한다. 저자의 말은 주변 말에 한없이 흔들리며 외동아이를 기르던 내게 큰 위로가 되어주었다.

   흔히 사회성 부족이라는 외동아이의 특징은 대부분 학습이나 놀이에서 '조급함'이나 남보다 더 '서운함'을 표현하는 모습에서 드러난다. 하지만 이런 행동 패턴은 유치원이나 학교라는 사회 모둠 안에 들어가면 조금씩 다듬어지고 줄어든다. 아이를 학교에 보내고 성장하는 것을 지켜보고서야 조급함과 불안이 엄마인 나의 것임을 깨달았다. 나와 같은 길을 걷고 있거나 걸을 예정인 부모에게 세상의 말로 힘들 때마다 위로가 되었던 그림책을 소개하고 싶다. 나와 아이가 서로에게 '각인'된 순간을 떠올리게 해주고, 희생을 마다치 않았던 엄마로서의 지난날을 위로해준 그림책이다.

삐약이 엄마가 된 니양이

'니양이'라는 악명 높은 고양이가 있었다. 뚱뚱하고 식탐이 많고 작고 약한 동물 괴롭히기를 좋아했다. 가장 좋아하는 간식은 갓 낳은 따뜻한 달걀이다.

어느 봄날 아침, 닭장 앞을 지나던 니양이는 탐스럽고 예쁜 달걀을 발견하고는 꿀꺽 삼켜버렸다. 그런데 이게 무슨 일인가! 배가 점점 부풀어 올랐다.

배가 아파서 화장실로 달려갔는데 맙소사, 배 속에서 나온 것은 응가가 아니라 노란 병아리였다. 갓 태어난 작고 노란 생명체는 니양이를 향해 어기적어기적 다가와 품을 파고들었다. 니양이는 "내가 병아리를 낳았어!" 외마디 비명을 지른다.

놀란 것도 잠시, 니양이는 품으로 파고드는 작은 병아리를 조심스레 핥아보았다. 병아리가 "삐약!" 하며 화답했다. 그 순간 니양이는 그만 '뭉클함'을 느껴버렸다. 낯선 존재가 서로에게 각인된 순간이다.

　백희나의 《삐약이 엄마》를 보면서 아이를 처음 품에 안고 어쩔 줄 몰랐던, 아이와의 첫 만남이 기억났다. 낯선 생명체를 몸 밖으로 내놓고 혀로 할짝거리는 니양이의 모습은 아이를 품에 안고 신기함에 잠을 설치던 그때의 나와 같았다.

　니양이는 병아리에게 '삐약이'라는 이름을 붙여주고 항상 데리고 다닌다. 배탈이라도 날까 봐 걱정하며 깨끗하고 맛있는 음식을 찾아 먹이고 자동차가 다니는 길은 위험하다고 단단히 일러둔다. 성질 나쁜 개집 앞을 지날 때는 온몸의 털을 꼿꼿이 세워 보호했다. 그런 니양이를 본 이웃들은 더는 악명 높은 니양이라고 부르지 않았다. 자신이 할 수 있는 방법을 총동원해 삐약이를 지켜내며 니양이는 마침내 '삐약이 엄마'라는 이름을 얻는다. 니양이는 그 호칭이 꽤 마음에 들었다. 제2의 정체성을 주변에서 먼저 인지하고 인정해준다.

*

　니양이가 '삐약이 엄마'라는 소중한 이름을 얻기까지 어떤 노력을 했는지 우리는 안다. 설령 그 걸음이 휘청거렸더라도 그 노력은 영혼까지 끌어와 혼신을 다한 애씀이다. 아무리 어리숙한 엄마라도 아이 나이만큼은 자란다.

　그림책을 보면서 나는 아이 성장의 보폭을 놓치지 않고 따라

가려고 노력하면 된다는 생각으로 다시 하루하루 걸어갈 힘을 얻었다. 《삐약이 엄마》는 아이를 망쳤다는 죄책감으로 구겨진 날들을 일으켜 세우고 힘을 내도록 도와준 그림책이다.

엄마에게는 줏대가 있어

아동문학 평론가 김지은은 "혼신을 다해 새끼를 키우면서도 자신이 배운 삶의 품격을 잊지 않는 엄마 사자 이야기"라며 경혜원의 그림책 《나는 사자》에 찬사를 보냈다. 앞뒤 표지 가득 사냥감을 향한 사자의 강렬한 눈빛과 군더더기 없는 사자의 자태는 역동적 움직임과 강인한 이미지를 동시에 전한다. 섬세한 묘사가 두드러진 그림책이다.

배 속에 아기를 품고도 위축되지 않고 맹렬하고 과감히 사냥하는 암사자의 모습은 강인함을 대변한다. 특히 아기 사자들이 태어나 자라는 과정에서 암사자의 지혜와 모성이 곳곳에 표현되었다.

가장 강렬하게 기억된 부분은 암사자가 엄마로부터 물려받은 유산을 기억하는 장면이다. 암사자는 자신의 엄마가 살아남기 위해 삶에 얼마나 충실했는지, 배 속의 자신을 어떻게 지켰는지 생각하고 자신도 할 수 있다고 읊조린다. 그러고는 아주

은밀하고 조용히 사냥감을 주시하다가 용기 있게 사냥을 시작한다.

 평생 자식과 가정을 위해 헌신한 친정엄마의 삶이 그림책 안에 고스란히 담긴 것을 보고 깜짝 놀랐다. 암사자처럼 친정엄마는 역경의 순간에도 포기하지 않고 자리를 지키셨다. 또한 평생 한순간도 헛되이 살지 않은 생존에 진심인 분이셨다. 동시에 폭풍 같은 삶을 살아내면서도 핸드백 속에 문고판 책을 넣고 다닌 문학소녀이기도 했다. 아침마다 불안한 눈동자로 늦지 않게 집을 나서라고 당부하시며 학교에 막 입학한 아이보다 먼저 출근하셨던 엄마의 뒷모습을 기억한다.

 어느새 엄마의 삶은 내게로 이어졌다. 암사자가 사냥하는 모습을 새끼 사자들이 보며 배우듯이 내 아이도 내 뒷모습을 바라보고 있지 않을까? 친정엄마의 강인함이 유산으로 남았다면 나도 '줏대' 있게 엄마에게서 받은 유산을 지키고 내 아이에게 전하면 된다는 생각이 들었다.

 어리숙했던 초보 엄마는 이제 제법 이력이 생겼고 엄마로서 아이 나이만큼 자랐다. 현실에 두 발을 딛고 최선을 다하고 생존에 진심으로 살 때 내 아이도 이런 삶의 태도를 배울 것이다. 한없이 흔들리고 헷갈릴 때 그림책 속 암사자를 떠올린다. 암사자는 잊지 않았다. 자신이 물려받은 유산이 무엇인지, 그 진정한 가치가 어디에 있는지 이해하고 아이를 위해 자신이 배운 대로 줏대 있는 생존 방식을 이어갔다. 어쩌면 이것이야말로 인생이 선사하는 은유가 아닐까.

헌신이 아이를 망친다

그림책을 통해 육아의 고민을 더 치열하게 하면서 만난 인문서가 있다. 이 책을 읽으며 부모라면 평생이 걸린다 하더라도 반드시 해내야 할 과업이 있다는 사실을 알게 됐다. 인에이블러(Enabler), 조장자가 되지 않는 일이다.

《나는 내가 좋은 엄마인 줄 알았습니다》의 저자 앤절린 밀러에 따르면 인에이블러는 '헌신의 탈을 쓴 가스라이터'와 비슷하다. 다만, 부모가 자신의 이익이 아닌 아이와의 관계에 집착한다는 점에서 차이가 있다. 가스라이터가 상대방을 조종한다면 인에이블러는 상대방을 의존자가 되도록 조장한다. 순종적이고 사회 순응적인 아이가 될 것을 요구한다. 자신의 욕구와 감정을 차단하는 법부터 배우는 아이들은 생존에 불리하다. 헌신이라는 이름으로 아이를 의존자로 만드는 것만큼은 피해야 하지 않을까.

헌신의 탈을 쓴 가스라이터는 외동아이 부모가 특히 저지르기 쉬운 실수다. 나부터도 아이를 도와준다고 생각하며 모든 것을 앞장서 대신해주고 있었다. 신발 끈 묶기 같은 사소한 것부터 가방 챙기기, 입을 옷 정하기 등 아이 스스로 해낼 수 있는 일조차 어느 틈엔가 부모인 내 일이 된 지 오래다. 이런 기능적인 역할은 오히려 매니저에 가깝다는 생각이 들었다.

　지금부터라도 주도권을 하나씩 넘겨주어야 한다고 마음먹은 후부터 친절한 엄마, 헌신하는 엄마라는 틀에 갇혀 있는 자신을 해방하기로 했다. 과한 보살핌은 아이를 의존자로 만드는 지름길이다. 아이 스스로 자기 삶을 개척하는 기회를 방해하거나 박탈하고 아이 스스로 성장하고 숙달될 기회와 성취의 기쁨, 자부심과 같은 긍정적 감정을 빼앗는 일이기도 하다. 사랑한다면서 망치는 존재만큼은 되지 말아야 하지 않을까.

　드라마 〈낭만닥터 김사부〉에 나온 명대사 "사람은 믿어주는 만큼 자라고 아껴주는 만큼 여물고 인정하는 만큼 성장한다"는 외동아이를 키울 때 가져야 할 마음가짐이기도 하다.

　그림책을 통해 '그렇다면 나도 할 수 있지 않을까' 하는 작지만, 소중한 자신감을 얻었다. 믿음, 지지, 인정. 지금부터라도 차근차근 하나씩 해나가면 된다는 든든한 응원을 받은 기분이었다. 부모도 아이와 보폭을 맞춰 함께 걷는다면, 아이가 자라는 만큼 성장할 수 있다. 우리에게는 그럴 힘과 능력이 있다고 믿는다.

준의 이야기

부족하지만 특별하게 사랑해
동상이몽에서 이심전심으로
아이들을 위해, 굿바이 매니저

부족하지만 특별하게 사랑해

《히히히 맛있겠다》+《금요일엔 언제나》

두 번째 성인식

  쌍둥이 육아는 무엇을 상상하든 그 이상이다! 수면 부족과 만성피로는 카페인 수혈과 영양제 투여로 그럭저럭 버텨냈다. 하지만 가장 큰 난관은 따로 있었으니 바로 아이들의 '애착 문제'였다.

  특히 엄마를 두고 펼치는 둘의 신경전은 유난히 치열했다. 핏대까지 세우며 '우리 엄마'가 아닌 '내 엄마'를 외쳐대는 아이들. 솔로몬의 재판처럼 누가 이 상황을 속 시원하게 해결해주면 좋겠다고 매일 기도했다.

　《고 녀석 맛있겠다》시리즈로 유명한 일본작가 미야니시 타츠야, 그의 또 다른 작품《히히히 맛있겠다》에는 우리 집 쌍둥이처럼 아웅다웅하는 트리케라톱스 쌍둥이 자매가 등장한다. 알 속에서부터 티격태격하던 그녀들은 경이로운 탄생의 순간에도 싸운다. 그때 육식공룡인 티라노사우루스가 "히히히 맛있겠다"라며 나타난다. 상식적으로 '걸음아 나 살려라' 도망을 쳐야 하지만 이제 막 세상에 나온 꼬마들이 무엇을 알까? 도리어 "무엇이 맛있냐?"라고 반문하며 곁에 있던 나무의 빨간 열매가 맛있어 보인다고, 서로 자기가 먼저 먹겠다고, 열매를 따달라고 요구한다.

　당황한 쪽은 티라노사우루스였다. 다시 한번 사냥의 기회를 엿보지만 "나는 아저씨가 하늘만큼 땅만큼 좋아요"라며 깜짝 고백하는 자매들을 그는 차마 잡아먹지 못한다.

　티라노사우루스를 둘러싸고 펼쳐지는 꼬마들의 뜨거운 애정 공세는 그날 밤 절정에 이른다. 동생이 "아저씨랑 나랑 둘만 있고 싶었는데 언니가 없어져 버렸으면 좋겠어"라며 불평을 내뱉자 언니가 "너만 안 태어났으면 나랑 아저씨랑 둘이서 빨간 열매를 먹었을 텐데"라며 맞불을 놓았다.

　트리케라톱스 자매의 대화는 내게 지극히 일상적인 것이었다. 누구 하나 소외되거나 섭섭하지 않도록, 엄마는 두 아이에게 사랑을 나눠주지만 쌍둥이는 결코 만족하지 않았다. 서로 으르렁거리며 자기를 더 사랑해달라고 갈구했다. 외동딸로 자라며 받았던 모든 사랑을 갈아 넣었지만 역부족이었다. 점점 심해지는 아이들의 애착 문제 때문에 엄마로서 나의 자존감은 낮아졌고 모성애는 의기소침해졌다.

충분히 사랑해주지도 못할 거면서 아이들을 왜 낳았을까? 엄마가 능력도 없는데 어쩌다 쌍둥이가 태어났을까? 두 아이 사이에서 갈팡질팡하는 초보 엄마의 영혼은 그렇게 말라갔다.

*

경쟁을 넘어 과도해진 트리케라톱스 자매의 말싸움에 결국 티라노사우루스도 화가 난다. 그는 "이 세상에 태어나선 안 될 녀석은 아무도 없어! 너희도 그리고 나도"라고 소리친다. 초식공룡을 잡아먹는 육식공룡의 이 한마디에는 생명에 대한 존중과 자기 존재에 대한 성찰이 담겨 있다. 한 끼 사냥감에 불과했던 아기 공룡들을 돌보고 품어내면서 티라노사우루스는 '성숙한 양육자'로 거듭나 있었다.

엄마로서 자존감에 타격을 입었던 나는 그 말을 통해 '엄마로서의 나'와 '남매둥이의 존재'를 다시 되짚어 보았다. 비록 지금은 애착 문제로 서로 싸우지만, 두 아이를 통해 누렸던 기쁨과 감동의 순간이 훨씬 많지 않았던가. 현실 육아에 지쳐 까마득하게 잊고 있었던 기억들이 떠올랐다. 아이와 내가 함께 자라고 있음을 느낀 순간, 뜻밖의 감사가 흘러나왔다.

'엄마'라는 이름을 선물해준 쌍둥이와의 시간은 '나의 두 번째 성인식'이었다. 생각보다 혹독했지만 그 시간이 있어 나는 이전보다 좋은 엄마, 아니 '사람'으로 성장할 수 있었다.

여전히 갈 길은 멀고 그 여정 또한 만만치 않지만 나는 엄마다! 두 아이의 충만한 사랑만큼 엄마의 존재가 가진 의미와 중요성을 다시 한번 가슴 깊이 새기며 나는 더 큰 감사로 하루하루를 살아가고 있다.

아이마다 원하는 사랑이 다르다

남매둥이가 유치원에 다닐 때, 애착 문제는 절정에 이르렀다. 엄마를 둘러싼 두 아이의 싸움은 밤에도 이어졌고 나는 십자가에 달린 예수님처럼 양팔을 벌리고 잤다. 아이들이 팔을 하나씩 꿰차고 매미처럼 붙어 자는 통에 펼쳐지는 진풍경이었다. 서로 '내 엄마'를 주장하며 난리블루스인 아이들, 과연 이 말도 안 되는 소유권 쟁탈전에 끝이 있기는 한 걸까?

아빠와 아들이 손을 잡고 나란히 걸어가는 모습이 한 컷의 화보 같은 그림책이 있다. 게다가 드레스코드도 센스 넘치게

블루라니! 댄 야카리노의 그림책《금요일엔 언제나》의 표지는 패션 일러스트 잡지의 세련된 이미지를 풍겼다.

*

 그림책 속 소년은 매주 금요일마다 아빠와 '특별한 외출'을 한다. 엄마와 동생은 집에 남고, 아이와 아빠만 집을 나선다. 아무리 추워도, 눈보라가 몰아쳐도, 해가 쨍쨍해도, 비가 내려도 이 외출만큼은 두 사나이가 꼭 지키는 '변함없는 약속'이다.

 잠시 그림책을 덮고 현실 세계로 눈을 돌려본다. 우리나라의 실정상 이 책은 이상적인 아빠의 모습을 그려놓은 판타지라는 삐딱한 생각이 들었다. 자녀 양육보다 경제활동에 비중이 높은 아빠는, 평일에는 일하기 바쁘고 주말에는 휴식에 열중하는 사람이 아닌가?

 현실이 이렇다 보니 아이와 약속 한번 제대로 지키는 일이 하늘의 별 따기다. 워킹맘으로 살면서 나 역시 아이와 새끼손가락을 꼭꼭 걸고 도장까지 꾹꾹 찍어가며 수많은 약속을 했더랬다. 하지만 예상치 못한 변수가 생기면 약속은 차일피일 미뤄지거나 잊히기 십상이었다. 그런데 매주 금요일마다 아들과 데이트하는 아빠라니!

 다시 그림책 속으로 들어와, 함께 길을 걷는 아빠와 아들을 뒤따른다. 아들은 아빠와 자신을 '우리'라고 불렀다. 두 사람 사이의 친밀도와 신뢰도가 이 짧은 단어 안에 진하게 녹아 있다. 매주 금요일마다 함께 길을 걸으며 동네를 관찰하고 이웃을 만나는 부자지간, 그 사이사이 소소한 일상을 함께하며 두 사람은 세상 누구보다 돈독한 사이가 되었다.

*

　작가 댄 야카리노는 자신의 아들 마이클이 세 살 되던 해부터 금요일마다 골목식당에서 함께 아침을 먹었다고 한다. 이 책에는 자신처럼 독자들도 아이와 함께 '멋진 전통'을 만들기를 바라는 마음이 담겨 있다.

　문득 쌍둥이에게 한창 손이 필요했던 때로 생각을 더듬어보았다. 양육 여건상 아이들을 개별적으로 돌볼 수가 없었던 그때, 성별과 성향이 뚜렷이 다른 남매둥이는 1년 365일 젓가락처럼 늘 세트로 움직였고 항상 동일한 방식의 사랑과 돌봄을 나눠 받아야 했다. 어쩌면 엄마에 대한 애착과 경쟁심, 그리고 요구성 울음이 유별나게 컸던 까닭은 이 때문이 아니었을까?

　남편과 나는 아이들이 초등학생이 되고 나서야 쌍둥이가 아닌 개별적인 존재로 각자 원하는 방법과 모양대로 함께 시간을 보내기 시작했다. 그래서일까? 각축전에 가까웠던 두 아이의 엄마 쟁탈전은 이전보다 훨씬 잠잠해졌다.

한때 나는 두 아이를 사랑하는 일에 전의를 상실했었다. 하지만 아이들이 바라는 사랑의 형태를 알고 조금씩 맞춰가면서 나는 사랑이 단순히 한쪽으로 퍼주는 일방적 행위가 아님을 깨닫고 있다. 사랑의 본질은 '해주는 것'이 아닌 '함께 나누는 것'이기 때문이다.

쌍둥이라는 이유로 아이 한 명 한 명을 오롯이 보지 못했던 시간을 보내고 난 후, 우리 집에 자리 잡아가는 멋진 전통에는 '골라 누리는 특별함'이 있다. 아이들의 취향과 관심사에 따라 달라지는 다양한 도전과 즐거움이 있기 때문이다. 이 친밀한 시간을 함께 보내며 나는 사랑을 배운다. 그리고 좋은 엄마로 바로 서가는 중이다.

동상이몽에서 이심전심으로

《공원에서 일어난 이야기》 + 《가만히 들어주었어》

글보다 어려운 것이 있다

주민등록증을 처음 발급받은 날 머릿속이 멍했다. 명실공히 어른이 되었지만 나는 여전히 미숙하고 철없는 아이일 뿐이었으니까. 남매둥이를 출산하고 엄마가 된 이후에도 그 괴리감이 문득문득 찾아왔다. 특히 아이들이 자라면서 감정적으로 부딪히는 일이 잦아지자 하루에도 '참을 인(忍)'자를 세 번, 아니 삼십 번도 넘게 쓴다.

도대체 알 수 없는 그들의 속사정! 하지만 인내의 마지노선이 붕괴되면 나도 모르게 유치하게 외친다.

"너희들은 엄마 마음을 알기나 해?"

성숙한 어른으로, 좋은 엄마로 아이들을 이해하며 품고 싶지만 몸과 마음이 따로 움직인다. 요즘 문해력이 한창 이슈라는데 불혹의 엄마는 글이 아닌 아이들의 입장과 마음을 읽지 못해 어려움을 겪고 있다. 과연 나는 이 문제를 해결할 수 있을까?

*

앤서니 브라운의 그림책 《공원에서 일어난 이야기》는 찰스 엄마와 스머지 아빠 그리고 찰스와 스머지의 이야기가 옴니버스 형식으로 전개되는 작품이다. 이들은 각자의 반려견과 함께 공원으로 산책을 나온다. 복잡한 일상에서 한발 떨어져 여유롭게 몸과 마음을 이완시키는 시간이지만 찰스 엄마와 스머지 아빠는 자신들의 감정과 상황에 갇힌 나머지 주변과 아이들을 제대로 살피지 못한다.

상류층 여성으로 보이는 찰스 엄마는 우월의식과 존재감을 과시하듯 빨간색 모자와 액세서리로 한껏 치장했다. 그녀는 아들과 나란히 벤치에 앉아 있지만 서로 간격을 둔 채 반대 방향으로 고개를 돌리고 있다. 눈을 감고 두 손을 모으고 있는 찰스 엄마와 시무룩한 표정으로 팔짱을 끼고 있는 찰스의 모습은 그야말로 동상이몽이다.

실업자인 스머지 아빠는 얼굴부터 우울하고 침통하다. "산책을 나와 좋아 날뛰는 개의 반만큼도 힘이 나지 않는다"라는 그의 말은 독자의 마음까지 무겁게 가라앉힌다. 공원에 와서도 신문만 펴든 채 일자리 찾기 삼매경인 그가 아빠로서 제 역할을 할지 의문스럽다.

　그림책 평론가 탁정은은 찰스 엄마와 스머지 아빠를 두고 "아이와 대화가 단절된 어른들의 모습을 상징적으로 나타냈다"라고 말했다. 같은 공간에 있어도 아이와 정서적 교류가 없는 두 어른, 그 모습에서 최근 아이들과 감정적으로 골이 깊어졌던 순간들이 떠올랐다. 나는 찰스 엄마처럼 권위적으로 행동하고, 스머지 아빠처럼 상황과 감정에 얽매인 나머지 아이들이 눈치를 보게 만들었다. 이 그림책은 쌍둥이의 마음을 읽지 못하는 나의 모습에 주목하게 만드는 한편, 그들과 화해할 수 있는 힌트를 알려주었다.

　어른들이 각자의 속사정에 몰두해 있는 동안, 성격도 분위기도 다른 찰스와 스머지는 허물없이 어울리며 신나게 논다. 앤서니 브라운은 그림책 속에 은유와 상징을 통해 다양한 의미를 숨겨놓았다. 그중에서 공간적 배경이 되는 공원의 석조난간은 '루빈의 잔'으로 표현되어 있다. 루빈의 잔은 무엇에 관심을 두고 있느냐에 따라 '마주 보는 두 사람의 얼굴'이 보이기도 하고 '술잔의 외형'이 보이기도 한다.

　형태심리학에서는 관심의 초점이 되는 부분을 '전경', 관심 밖에 놓여 있는 부분을 '배경'이라고 부르는데 공원의 석조난간을 보는 순간, 유레카! 나는 아이들이 그동안 관심의 '배경'으로 밀려나 있었다는 사실을 발견했다.

*

한창 자라는 아이들의 속마음을 도무지 이해할 수 없다고 외친 나는 찰스 엄마와 스머지 아빠와 다르지 않았다. 두 아이를 이해하고 싶다고 말하지만 정작 나의 관심사는 분주한 일상을 살아내는 일에 초점이 맞추어져 있었다.

그림책은 그런 나에게 자녀 양육의 문제를 해결하는 비결이 결코 어렵지 않다고 말한다. 지금 나의 눈과 마음이 관심을 두고 있는 것은 무엇인가? 엄마가 자신들의 마음을 몰라준다고 툴툴대는 아이들의 원망이 접수될 때마다, 나는 이 질문부터 떠올려본다.

우아한 프랑스 엄마는 아닐지라도

EBS 다큐 프라임 〈가족 쇼크〉를 시청하고 프랑스 엄마들의 양육 태도에서 적잖이 충격을 받은 기억이 있다. 특히 아이가 울거나 힘들어할 때 그녀들은 섣불리 자녀를 달래주거나 일으켜 세워주지 않았다. 그저 곁에서 지켜봐 주다가 나중에 아이를 꼭 안아주고 간단하게 칭찬해줄 뿐. 조금 시간이 흐르고 나서야 그녀들의 '우아한 양육 태도'가 다름 아닌 '기다림 속 공감'이었다는 사실을 코리 도어펠드의 그림책《가만히 들어주었어》에서 확인할 수 있었다.

*

  이 작품은 작은 블록 하나를 꺼내 들고 무언가를 만드는 테일러의 이야기로 시작된다. 아이는 블록들을 쌓으며 '새롭고, 특별하고, 놀라운 것'을 만들어 나간다. 심혈을 기울여 블록을 쌓아 올린 끝에 완성된 것은 짜잔! 자신보다 훨씬 큰 성이다.
  그런데 이게 웬 날벼락이란 말인가? 어디선가 새 떼가 날아와 그 성을 와르르 무너뜨리고 만다. 테일러의 얼굴은 속상함과 실망, 좌절과 슬픔으로 울상이 되어버린다. 이때 닭, 곰, 코끼리, 하이에나, 타조, 캥거루, 뱀이 차례로 등장하며 소년에게 미주알고주알 상황 해결 방법을 제시한다.
  원하지도 않고 묻지도 않았는데 옆에 나타나 이러쿵저러쿵 훈수를 두는 동물들 때문에 그의 기분은 더 상하고 만다. 다리 사이에 얼굴을 묻고 덩그러니 앉아 있는 아이는 땅속으로 꺼지기 직전이다.
  테일러의 표정이 낯설지 않다. 3년 전, 초등학교에 갓 입학했던 아들도 딱 저 표정이었다. 친구들과 쉽게 어울리지 못한 아들은 늘 울상이었다. 공감을 해줘야지 싶었지만 엄마의 결론은 테일러를 찾아온 동물들과 크게 다르지 않았다. 코끼리처럼 "원래 모양을 떠올려보라"라고 말했다. 원인과 문제를 파악해서 이성적으로 해결해보라는 뜻이다. 하이에나처럼 "그냥 웃으면서 가볍게 넘어가라"라고 말했다. 심각하게 생각해봤자 너만 손해니까 눈치껏 가볍게 하라는 뜻이다.

고작 여덟 살밖에 안 된 아이에게 친구 관계도 문제였지만, 가장 큰 시련은 자신을 오롯이 품어주지 못하고 침을 튀겨가며 교과서적인 해결책만 계속 주입하기 바쁜 엄마가 아니었을까?

동물 친구들이 떠난 후, 테일러 곁에 토끼가 다가온다. 토끼는 그저 말없이 '머물러' 있는다. 얼마쯤 시간이 흘렀을까? 아이가 차츰 마음을 열기 시작하면서 자신의 속 이야기를 하나둘 꺼내 놓는다. 다른 동물들이 말했던 것처럼 웃어도 보고, 외면도 하고, 복수도 하겠다고 말한다. 풀이 죽어 있던 테일러의 표정에 생기가 돌고 토끼는 그 곁에서 아이를 지켜본다.

이 책의 옮긴이 신혜은은 "진정 누군가의 이야기를 들어주는 것은 말 자체가 아닌 그 사람의 때에 그 사람의 방식으로 들어주는 것을 의미한다"라고 했다. 아이를 기다리고 기다리며 그 행동에 반응해주었던 토끼야말로 테일러가 감정의 동굴로부터 능동적으로 걸어 나올 수 있는 진짜 이유였던 것이다.

✳

 공감, 머리에는 잘 입력되어 있는 이 개념이 실전 육아에서는 왜 이토록 적용하기 어려운 것일까? 분주하고 정신없는 엄마는 아이 스스로 감정을 추스르며 회복하길 기다리는 일에 한없이 서툴렀다. 정답과 방법만을 입력시켜 마음을 툴툴 털어버리라고 아이를 로봇처럼 조종했음을 고백한다.

 비록 우아한 프랑스 엄마는 아닐지라도, 아이들이 다시 속상하고 힘든 일을 겪을 때면 나는 토끼 같은 존재가 되어주자고 다짐해본다. 백 마디 말보다 곁을 지켜주는 온기로, 아이의 때를 기다리며 아이의 방식대로 들어주는 조용한 공감의 응원을 열렬하게 보내주고 싶다.

아이들을 위해, 굿바이 매니저

《짖어봐 조지야》 + 《바다로 간 페넬로페》

엄마는 흔들리는 갈대

대한민국에서 자녀를 잘 키우기 위해서는 '세 가지 조건'이 필요하다고 한다. 할아버지의 경제력과 엄마의 정보력, 그리고 아빠의 무관심!

한때 나는 체력과 정신력이 가장 필요하다고 여겼다. 하지만 아이들이 학령기에 이르자 자꾸 현실을 직시한다. 특히 학년을 더해갈수록 압박해오는 학업 스트레스는 나름 세워두었던 양육 방침에 무수히 태클을 건다.

아이들의 잠재적인 능력을 키워주기보다 기존 틀에 가두고 사회가 원하는 방향대로 몰아가며 사교육의 수혜를 바라봐야 하는 걸까? 수십 번 번뇌하면 무엇하리오, 엄마의 마음이 흔들리는 갈대니 모든 것이 도루묵이다.

*

줄스 파이퍼의 그림책 《짖어봐 조지야》에도 자녀 양육 때문에 골치 아픈 한 사람, 아니 한 마리 엄마 견공이 등장한다. 아들 조지를 개답게 '멍멍' 짖게 하려고 하지만 그는 자꾸 다른 동물의 울음소리를 낸다. 요즘이면 '성대모사계의 꿈나무'로 〈동물농장〉이나 〈세상에 이런 일이〉 같은 프로그램에 출연해 스타덤에 올랐을 터. 하지만 엄마에게 멍멍 짖지 못하는 강아지는 그저 '문제견'일 뿐이다.

조지가 '멍멍' 대신 '야옹' '꽥꽥' '꿀꿀' '음매' 소리를 낼 때마다 엄마의 눈은 놀라움과 걱정으로 점점 커진다. 동공이 흔들린다. 온몸으로 울화를 참아낸다. 이 정도까지 했으면 조지도 눈치껏 개답게 짖어주면 좋으련만 당최 요지부동이다.

결국 엄마는 의사를 찾아간다. 그는 조지의 입속에 손을 넣어 고양이, 오리, 돼지를 강제로 꺼낸다. 작은 강아지의 입안에서 그의 몸집보다 훨씬 큰 덩치의 소까지 나온다. 입속에서 모든 동물이 제거되고 나서야 조지는 비로소 개답게 짖는다. 하지만 집으로 돌아오는 길, 다시 짖어보라는 엄마의 요구에 조지는 뜻밖의 소리를 내면서 엄마는 물론 독자들을 경악시킨다!

자녀를 키우는 입장에서 조지 엄마의 마음이 백번 이해 간다. 하지만 '의사의 치료 방법'과 '조지의 입에서 나온 동물들'이 가진 의미를 생각하니 마음이 무겁다. 만약 고양이, 오리, 돼지, 소가 아이가 가지고 있는 개성과 가능성이라고 가정한다면 부모는 어떻게 행동하는 것이 옳은가? 그리고 병원에서 강제적으로 동물들을 제거당한 조지의 입장은 어떠할까? 질문은 한동안 끝없이 이어졌다.

*

 한 개인의 개성과 기량을 발현시키는 가장 좋은 원동력으로 나는 '자기 주도성'을 강조한다. 타인에 의해 개발되기보다 아이가 '자신의 강점과 장점을 알아가고 그것을 발전시키기 위해 고민하고 선택하며 도전하는 것'이 성장이라고 믿기 때문이다. 부모는 그 곁에서 자기 주도성의 마중물이 마르지 않도록 격려와 지지를 보내는 후원자가 아닐까?

 열린 결말로 마무리되는 이야기 끝에서 나는 조지의 미래를 상상해보았다. 그리고 자신의 속도로 성장해 나가는 우리 집 아이들에게 나는 어떤 양육 태도를 보여주고 있는지 자문해본다. 적어도 지금은 알 수 없는 아이들의 미래를 엄마의 불안이나 걱정으로 속단하는 우는 범하지 말아야 하지 않을까? 자기 주도성의 원천이 될 수 있도록 엄마의 멘탈 관리부터 확실하게 해두는 편이 자녀 양육을 위한 필수조건일지도 모르겠다.

아이들의 독립, 그날에 나는

 양육의 핵심 키워드를 당당하게 '자기 주도성'이라고 말하지만, 이런 내가 가장 큰 모순에 부딪히는 지점이 있다. 바로 잔소리다. 아이들을 믿고 지지하지만 한편으로는 재촉해야 하고 반복적으로 알려줘야 할 상황이 발생하기 때문이다.
 때로는 메모지에 적어 붙여두고, 핸드폰 문자 메시지로 정리해주고, 그것도 모자라 볼 때마다 두세 번 확인시키고 챙겨주곤 한다. 그러다 보니 자연스럽게 아이들의 엄마가 아닌 '매니저'를 자처하는 꼴이 되고 말았다.

*

 스페인의 그림 작가 라울 니에토 구리디와 글 작가 세마 시르벤트 라구나의 그림책 《바다로 간 페넬로페》는 당차게 자신의 길을 선택해 도전하는 소녀 페넬로페의 이야기다. 하지만 그녀의 행동을 달가워하지 않는 존재가 있다. 그림책에 목소리로만 등장하는 '사람들'이다.
 사람들은 페넬로페에게 "기다리라고, 가만히 머물러 있으라"라고 말한다. 하지만 페넬로페는 "그동안 창밖의 세상이 생각보다 크다는 걸 알게 됐으며, 머물러 있는 동안 바람이 불어 자신을 항구로 데려갔다"라고 대답한다. 사람들은 자신들이 하던 익숙한 방식대로 행동하라고 지시하지만 우리의 주인공은 소신 있게 자신의 길을 선택한다. 세상이 무섭고 험하다고, 고분고분 말을 잘 들으라고 은연중 겁박하지만 그녀는 자기 마음이 속삭이는 대로 따라간다.

전통과 사회 관습에 얽매이지 않고 주체적인 삶을 찾아 떠나는 페넬로페의 행보는 자기 주도성의 결정판이라고 할 수 있다. 같은 여성으로서 그녀의 선택은 당차며 매력적이다. 하지만 자식을 키우는 부모의 시선에서 보자니 소녀는 막무가내에 고집불통 아이일 뿐이다. 진취적이고 도전적인 페넬로페의 선택을 지지하자니 자식이 꽃길만을 걷길 바라는 부모의 얄팍한 마음이 파르르 떨린다.

만약 우리 집 두 아이가 페넬로페처럼 '마음이 속삭이는 대로 따라간다'고 한다면 과연 어떻게 할 것인가? 이제 십 대의 문턱을 막 넘은 쌍둥이는 서서히 '마음의 소리'에 귀를 기울이기 시작했다. 저마다 가지고 있는 성향과 개성이 다르다 보니 그 양상도 제각각으로 나타난다. 예전에는 당연했던 엄마의 손길이 과도한 간섭이고 사생활 참견이 되기도 한다.

어쩌면 아이들은 자기 속도와 방향대로 잘 자라고 있는 게 아닐까? 하지만 엄마가 그림책 속 '사람들'처럼 고정관념으로 아이를 바라보고 과소평가하며 내 방식대로 이끌어가려다 보니 관계가 아슬아슬해질 때가 생기고 만다. 이런 불협화음은 자기 주도성을 키워가는 두 아이를 놓아주는 예행연습 시간이 다가왔음을 알려주는 것일까?

*

　대쪽같이 '자신의 길'을 걸어가는 페넬로페, 하지만 그 여정은 순탄치 않았다. 그녀는 '폭풍우가 지나가고 찾아오는 고요'와 '거친 파도 위의 길이 되어주는 별'을 보았다고 고백한다. 우여곡절이 있는 인생, 그 안에서 폭풍우와 파도는 피할 수 없는 숙명이다. 스스로 버티고 살아남는 법을 터득해야 성장할 수 있다. 쉽지 않은 그 길을 걸어나간 소녀는 마침내 바다 한가운데서 '새로운 페넬로페'로 거듭난다.
　교육 전문가들은 양육의 최종 목표를 '아이의 독립'이라고 말한다. 페넬로페처럼 아이가 주체적으로 삶을 선택하는 독립의 날이 온다면, 나는 어떤 모습으로 아이를 배웅할 수 있을까?
　페넬로페가 바다로 항해를 시작한 장면에서 나는 사직서를 쓰기로 마음먹었다. 엄마의 얄팍한 불안으로 자행되어오던 잔소리와 매니저 노릇은 이제 굿바이다.
　사람들이 아닌 '자신이 정한 단 하나의 길'을 갔던 페넬로페.

나는 그녀처럼 두 아이가 자신의 길을 걸어가길 기도한다. 그리고 믿음으로 그 뒷모습을 끝까지 바라봐주고 싶다. 아이들은 엄마가 생각한 것보다 훨씬 담대하고 현명하게 자신의 길을 결정해나갈 테니까.

두 아이가 성장하는 동안, 엄마인 나는 무엇을 할 수 있을까? 이 물음 앞에서 나는 아이들을 향한 믿음과 용기를 떠올린다. 자신만의 항해를 떠날 아이들에게 엄마는 항로를 좌우하는 바람이 아닌 늘 그 자리에서 갈 길을 밝혀주는 등대 같은 존재가 돼주겠다고 다짐해본다.

Part 3

마흔, 그림책에 기대어 쉬어갑니다

란의 이야기

중년의 감기, 마흔앓이
두근두근 내면아이를 찾아서
영원한 부캐 좌충우돌 '엄마'

중년의 감기, 마흔앓이

《아무도 사랑 안 해》 + 《청바지를 입은 수탉》

반갑지 않은 손님

나는 중년의 아줌마다. 그 어느 것에도 미혹되지 않는다는 불혹에 이르렀지만, 나는 공자님을 거짓말쟁이로 만들었다. 작은 일에도 때때로 감정의 파고를 다스리지 못하는, 온갖 것에 미혹되고 흔들리고 갈피를 못 잡는 미숙한 어른이 되고 말았다. 급기야 반갑지 않은 손님까지 찾아왔다.

흔히 중년의 감기라 부르는 '마흔앓이', 우울감이었다. 겪기 전에는 덜 바쁜 사람들이나 느끼는 전유물쯤으로 취급했다. 겪어보니 마흔앓이는 생각보다 혹독했다.

문제는 하루에도 열두 번 오르내리는 감정의 롤러코스터에 탑승한 사람이 나 하나가 아니라는 사실이었다. 나뿐만 아니라 가족 모두 탑승했다는 사실을 알아채기까지는 그리 오래 걸리지 않았다. 오전에는 친절한 엄마, 살가운 아내였다가 오후에는 까칠한 엄마, 얼음골 같은 아내로 돌변하기 일쑤였다.

이런 날이 반복되며 아이는 눈치 보는 일이 잦아졌고 남편의 눈에는 염려가 묻어나기 시작했다. 들쑥날쑥한 감정의 원산지는 분명 나 자신인데 통제가 어려웠다.

온종일 마음에 비가 내렸다. N잡러로 바쁘게 앞만 보고 달려왔어도 별수 없었다. 중년의 우울감은 공고하게 걸어 잠가둔 내면의 방문을 보란 듯 걷어차고 들어왔다.

*

김유강의 그림책《아무도 사랑 안 해》의 주인공은 나와 꼭 닮아 있었다. 책은 더는 내줄 사랑이 없는 엄마의 건조한 한마디로 시작한다.

"오늘은 아무도 사랑하지 않을 거야."

금방이라도 바스러질 것만 같은 건조한 나와 같은 상태. 지금 그녀는 지쳐 있다.

숨 돌릴 틈 없는 엄마의 일상은 아침에 일어나지 않겠다고 떼쓰는 아이를 깨우면서 시작해 떨어지지 않는 아이를 등원시키고, 만원 지하철에 부대껴 출근해 상사에게 무참히 깨지는 일로 이어진다. 쌓인 일을 처리하느라 샌드위치로 끼니를 때우는 모습은 이 시대 워킹맘의 고단함을 고스란히 보여준다. 집으로 돌아가는 길, 모두 왼쪽으로 갈 때 엄마만 뒤돌아 오른쪽으로 서 있다. 이 이질적인 방향은 왠지 모를 불안감을 불러일으켰다. 엄마는 금방이라도 울음을 터뜨릴 표정이다.

내 표정도 이럴까? 어디서부터 어떻게 중년의 우울감이 시작되었는지 알 수 없다. 그냥 40년쯤 살다가 보니 맞닥뜨린 돌부리 같은 감정이다. 어쩌면 노화현상의 귀퉁이 감정이 아닌가 싶기도 했다. 그렇다고 손 놓고 우울감에 질 수는 없는 노릇이다. 나의 시간은 가족 공동체가 함께 나누어 쓰고 있으니, 이 정체 모를 감정으로부터 재빠르게 벗어나야 했다.

그림책 속 엄마도 우울감으로부터 벗어나 보려고 노력한다. TV 보며 과자 먹기, 혼자 영화 보기, 매운 음식 먹기 등 가족을 챙기느라 평소 하지 못한 일들을 하나씩 하며 자신을 돌보는 일을 시작했다.

문득 잊었던 기억이 떠올랐다. 매서운 겨울바람이 불던 어느 날, 꼬물거리는 아기를 슬링 아기 띠에 넣고 기저귀 보따리를 짊어진 채 문을 나섰다. 마치 추억의 책보자기를 둘러멘 모양 같아 영 우스워 보였지만 옷매무새를 따질 겨를이 없었다. 온종일 말도 안 통하는 아이를 부여잡고 하루하루를 버티는 일상은 너무나 버거웠다. 무엇보다 누군가와 얼굴을 맞대고 대화를 하고 싶었다. 사람이 그리웠다.

그때 유일한 말벗은 같은 시간을 통과하는 조리원의 동기들뿐이었고 우리는 의기투합해 카페에서 달콤한 커피 한잔을 마시자는 원대한 계획을 세웠다. 나가는 길에 마주친 윗집 아주머니는 "몸푼 지 얼마나 되었다고 바깥바람이냐"라며 뼈에 바람든다고 혀를 끌끌 찼다. 하지만 그때 첫 외출의 달콤함을 지금도 생생히 기억한다. 그 별것 아닌 시간이 없었다면 더 힘들었을 터다. 소소한 자기 돌봄이 주는 위안의 힘은 타인의 짐작보다 크고 강하다.

자신을 보듬는 일은 누구에게나 필요하다. 하루하루 소중히 열심히 살아가는 사람도 때로는 무너질 것처럼 힘들 때가 있지 않은가. 그럴 때가 바로 자신을 돌볼 적기다. 사실 부모의 자리에 서면 휴식과 돌봄을 칼로 무 자르듯 나눌 수가 없다. 풍요롭지 못한 시간에 휴식과 여유를 즐길 방법을 찾아야 한다. 그래야만 그림책 속 엄마처럼 다시 가득 채워진 사랑통으로 아이와 가족, 자신을 보듬을 수 있을 테니까.

그림책은 자신을 돌보는 일에 박하게 굴지 말라고 알려주었다. 우리 모두에게 저마다의 사랑통이 있다면 시의적절할 때 필요를 채워주자. 우리의 감정은 화수분이 아니다.

우울감 탈출의 마스터키

《아무도 사랑 안 해》의 가족들은 다행히 엄마의 변화를 묵묵히 지켜보고 기꺼이 기다려주지만, 우리가 사는 현실은 그렇지 않을 때도 있다. 일상과 다른 뭔가를 시도할 때 가장 가까운 가족이 '남들도 다 그렇게 사는데, 뭐가 그리 유난스럽냐'는 타박을 할지도 모른다. 가족이 적군의 모습이 되면 심각한 내상을 입겠지만, 그렇다고 주저앉으면 안 된다. 중년의 우울감은 누가 채워준다고 채워지는 종류의 것이 아니다. 우울감을 이겨내려면 자기 돌봄을 통해 자존감을 키우는 물꼬를 마련할 줄 알아야 한다.

자존감은 중년의 우울감에서 탈출할 수 있는 마스터키다. 그 힘은 발현되지 않았을 뿐 누구나 가지고 있다고 생각한다. 주변 사람들의 비난에도 흔들리지 않는 자존감의 대명사, 정신승리 멘탈 갑 수탉을 소개한다. 제시 밀러의 《청바지를 입은 수탉》이 그 주인공이다.

*

제목부터 범상치 않은 이 주인공은 필 할아버지의 시골 농장에 사는 수탉이다. 밤사이 쇼핑을 했는지 어젯밤에 주문한 물건이 하루 만에 집 앞에 놓이자, 수탉은 기쁨을 감추지 못한다.

빠른 배송에 배송비까지 공짜라니! 수탉의 마음이 이해되는 순간이다. 상자에서 나온 물건은 반짝반짝 빛나는 금실로 바느질된 몸에 쫙 붙는 파란색 스키니진이었다. 깡마른 두 다리에 찰싹 달라붙은 바지는 두루뭉술한 수탉의 엉덩이와 대조를 이뤄 우스꽝스럽게 보였다.

정작 수탉은 다리가 늘씬해 보인다며 본인 자태에 만족해한다. 하지만 다른 동물들은 기대와 전혀 다른 반응을 보인다. 누군가 '닭 다리 좀 보라'며 큰 소리로 놀리기 시작하자 동물들은 약속이라도 한 듯 모두 웃음을 터뜨렸다. 수탉은 밀려오는 부끄러움에 재빨리 헛간으로 도망간다.

얼마나 창피했을까? 그런데 역시 멘탈 갑 수탉은 남달랐다. 헛간에 있던 거울에 자신의 모습을 비춰보며 금세 깨닫는다. 자신의 모습은 이상하지 않으며 멋진 엉덩이도 잘 드러낼 정도로 청바지가 멋지다는 것을.

마음을 추스른 수탉은 "상관없어. 다른 동물들이 어떻게 생각하든 신경 안 쓸 거야! 이 청바지는 내가 좋아서 산 거야. 그러니 다른 동물들의 생각은 중요하지 않아. 볼 테면 보라지!"라고 당당하게 말한다. 수탉은 그 길로 지붕 위에 올라가 걱정과 두려움을 모두 떨치고 큰소리로 소리친다.

"꼬끼오! 꼬끼오!"

이 장면은 자존감 회복의 정수로 읽혔다. 수탉이 홰를 치며 우는 것은 새날이 시작되었다는 상징적 의미가 있지 않던가. 수탉은 남들의 비난으로부터 자신을 스스로 건져냈다. 우리가 눈여겨볼 지점은 회복의 손길이 외부가 아닌 내부에서 비롯되었다는 점이다. 자존감은 외부에서 결코 채워줄 수 없는 요소다. 자신에 대한 존중감은 타인의 외적인 인정이나 칭찬만으로 채워지지 않는다. 궁극적으로 개인의 의식, 내부성숙도를 바탕으로 세워진 그 가치체계 위에서 얻어지는 것이기 때문이다. 우리는 자신의 가치를 알아보는 힘으로 자신과 주변부를 장악할 수 있다.

그림책이 주는 긍정 시그널

그림책은 이처럼 은유와 함의로 가득 차 있다. 때로는 직관적이며 명징하고 때로는 감각적이고 시적이다. 독자는 각자의 경험에 따라 그림책을 다르게 느낀다. 그림책의 은유와 함의는 바로 그 지점에서 탄생한다. 그림책의 서사와 인물들에게 자신의 경험을 비추어보는 과정에서 내면과 주변을 새롭게 인지하도록 만들기 때문이다.

특히 거울은 다수의 문학작품에서 자아를 드러내거나 성찰하는 중요한 매개체로 등장한다. 이 그림책에서도 거울은 수탉

내면의 자아를 비춰보며 자존감을 회복시키는 매개체다. 내게는 그림책이 내면의 자아를 발견하는 매개체로 작동했다.

우리는 각자 내면의 힘을 갖고 있다. 거기에 자신을 사랑하는 연습이 더해진다면 온종일 마음에 비가 내려도 슬픔의 무게를 견딜 수 있다고 믿는다. 그리고 두 권의 그림책이 전하는 자기 돌봄을 통한 자존감 비책들을 기억하자. 우리는 중년의 우울감에 맞설 수 있다.

그림책은 인생이 조연 같은 순간 '인생의 주인은 바로 나'라는 사실을 기억하게 했다. 건강하게 자신을 돌볼 적기와 방법도 보여주었다. 하루를 성실히 살아내고도 공허함을 느낀다면 두 권의 그림책을 권한다. 그림책이 선사하는 긍정 시그널은 어제보다 더 당당한 나로 안내해주는 지름길이다.

두근두근 내면아이를 찾아서

《잃어버린 영혼》 + 《미스 럼피우스》

당신의 영혼은 어디에 있나요

영혼을 잃어버린 사람이 있다. 일을 아주 많이, 빨리하는 사람이었다. 그러던 어느 날 출장길 호텔 방에서 막 잠이 깨고는 숨이 막히는 느낌이 들었다. 여기가 어딘지, 왜 여기에 있는지 기억나지 않았다. 짐을 뒤져 찾아낸 여권을 보고서야 자기 이름이 '얀'이라는 것을 알았다. 다음 날 남자는 나이 든 현명한 의사를 찾아간다.

얀의 상태를 살핀 의사는 영혼은 주인의 속도를 따라갈 수 없으며, 사람들은 보통 영혼을 잃어버렸다는 사실조차 모른다는 이상한 말을 한다. 영혼이 움직이는 속도는 육체보다 매우 느려 현재 얀이 영혼을 잃어버렸다는 것이다.

올가 토카르추크의 그림책 《잃어버린 영혼》의 주인공 얀은 의사로부터 영혼을 잃어버렸다는 신비로운 진단을 받았다. 그리고 이어지는 이상한 처방. 영혼을 잃어버렸으니 그저 기다리라며 잃어버린 영혼이 얀을 찾을 때까지 한곳에 머무르라고 말한다.

의사는 2~3년 전쯤 갔던 곳에 영혼이 있을 거라 추측하며 기다리는 데 시간이 걸릴지도 모른다는 모호한 답변 외에 해줄 것이 없다는 말을 덧붙였다. 기억을 잃은 얀은 설렁설렁한 이 처방을 따르기로 결심한다.

얀의 결심에 나는 잠시 당황했다. '보통 온갖 방법을 다 써서 기억을 되찾고 집으로 돌아가려고 애쓰지 않나?' 싶은 생각에서다. 또 아무리 의사라지만, 일면식도 없는 조언을 그것도 기억을 잃은 채 단번에 받아들이는 태도가 이해하기 어려웠다. 한편으로 자신이 누구인지도 모르는 불안하고 조급한 상황을 빠르게 수용하는 모습은 부럽기도 했다.

그림책을 보면서 내 영혼은 어디쯤 있는지 궁금해졌다. 영혼이 심리학에서 말하는 개개인의 '내면아이'라면, 분명 일상에 밀려 미처 길러내지 못한 어린아이일 텐데 어디쯤에서 헤매고 있으려나.

　심리학에서의 내면아이란, 한 개인의 정신 속에 독립된 인격체처럼 존재하는 아이의 모습을 뜻한다. 독서 치유 심리학자 김영아는 내면아이에 대해 "누구나 두 개의 나이를 갖고 있다. 생물학적 나이와 정서적 나이다. 사람마다 나이와 성격이 다른데, 생물학적 나이가 마흔이고 정서적 나이가 일곱 살이라면 마흔이지만 일곱 살인 셈이다. 이 격차가 크다면 주어진 발달과업을 제때 성취하지 못했거나 미진하다는 의미"라고 설명했다. 베스트셀러 작가 정여울도 수많은 강연을 통해 우리 안에는 죽을 때까지 좀처럼 자라지 않는 내면아이가 살고 있다고 했다.

　우리는 삶에 부여된 이정표를 따라가며 생물학적 나이를 충실히 챙겨왔다. 그렇다면 내면아이, 정서적 나이는 잘 챙겼을까? 일상에 매몰된 우리는 마음과 영혼을 잃은 줄도 모른 채 얀처럼 하루하루를 살고 있는지도 모른다. 삶은 굴러가고 있는데 정작 중심축인 '나'는 마모되고 사라졌다면 얀과 같은 상태다.

*

　그림책은 현실의 나를 되짚어보게 했다. 진정으로 내가 원하던 미래가 뭘까? 어떤 노년의 삶을 원하는 걸까? 얀처럼 멈추고 기다리지 않으면 얀과 같은 상태가 될 거라는 사실을 직관적으로 알았다. 내 인생에 '멈춤'이란 단어를 사용한다면 지금이 바로 적기였다.

먼저 산재한 일을 정리해 일을 최소한으로 줄였다. 삶을 재정비하기로 결정하고 나 하나만 생각했을 때 행복한 순간이 언제인지 떠올려보았다. 책과 그림책, 글쓰기가 그 중심에 있었다. 책 속의 의사가 처방해준 '자신만의 장소를 찾아가 기다리기'의 장소를 그림책으로 삼고 그림책과 더 가까이 지냈다. 현실에 두 발을 굳건히 딛고 당장 할 수 있는 최선책이기도 해서다.

어른이 되어 읽는 그림책은 짧지만, 서정적이고 읽는 내내 진솔하게 내 마음을 들여다볼 수 있는 직관적 매력으로 넘쳤다. 얀과 영혼아이의 움직임 하나하나를 눈과 마음으로 좇으니 차가웠던 마음의 온도가 서서히 올라갔다.

자신을 상실한 얀의 상황과 흑백의 세밀화는 우울하고 몽환적인 첫인상을 남긴다. 서너 번 그림책을 만나고 나면 그제야 곳곳에 숨은 이야기들이 눈에 들어온다. 예를 들면 얀과 영혼아이가 끈으로 연결된 벙어리장갑을 나눠 끼는 장면의 상징성, 트레이싱지(반투명의 얇은 종이)를 사용해 현실과 환상의 경계를 보여주는 색다른 시도, 왼쪽 페이지와 오른쪽 페이지를 영혼아이와 주인공 얀의 서로 다른 이야기로 전개해 영화와 같은 서사를 보여준 점, 얀이 영혼아이를 기다리는 식탁과 창문의 변화

등이다.

  이 그림책이 품은 은유는 무척 다채로웠다. 특히 영혼아이가 기차를 탄 페이지와 얀이 편지를 읽으며 식탁에 앉은 페이지는 이야기의 절정이었다. 마치 한 편의 영화처럼 둘은 곧 만날 거라는 시그널로 읽혀서다.

  식탁에서 편지를 읽는 얀의 뒷모습 너머 창밖으로 영혼아이가 탔을 거라고 짐작되는 기차가 보인다. 그 작고 미세한 그림의 변화를 알아차렸을 때의 환희란! 보물찾기 게임에서 큰 상품을 찾아낸 기분이었다.

  둘이 만나면 삶에 과연 어떤 변화가 생길까? 나의 영혼을 만나면 나는 어떤 변화를 겪게 될까? 그림책으로 잊었던 설렘과 미래에 대한 기대감이 차올랐다.

마음밭에 떨어진 루핀 꽃씨

  그림책에는 얀과 달리 자신을 잃지 않고 평생을 살아낸 인물도 있다. 내면의 소리에 귀 기울이고 매 순간을 멋지고 당당히 살아낸 인물이다. 바버러 쿠니의 그림책《미스 럼피우스》의 주인공 미스 럼피우스다. 그녀는 얀과 다른 삶을 살았다. 얀이 일에 치여 기억과 영혼을 잃고서야 삶을 돌아보았다면, 럼피우스는 자신이 꿈꾸던 대로 주도적인 삶을 살아낸 인물이다.

항구도시에서 예술가 할아버지와 함께 살았던 그녀는 밤마다 할아버지에게서 머나먼 세상 이야기를 들으며 자신의 꿈을 키웠다. 어른이 되면 머나먼 곳에 가보고 할머니가 되면 바닷가에서 살겠다는 꿈이다. 할아버지는 럼피우스의 꿈에 한 가지 꼭 해야 할 일을 알려준다.

"그래! 아주 좋은 생각이다. 애야, 그런데 네가 해야 할 일이 하나 더 있구나. 세상을 좀 더 아름답게 만드는 일이지."

세상을 아름답게 만드는 일이라니! 요즘 같은 각박한 세상에 이런 말을 해주는 어른이 몇 명이나 될까 싶은 대목이다. 살면서 아이들에게 가르쳐야 할 유일한 가치가 있다면 바로 이 문장 아닐까? 할아버지의 말은 오랫동안 가슴 한구석에 남았다. 연대, 관용, 이해심, 존중, 이타심 등 요즘은 갖추기 더 어려워진 삶의 덕목들이 할아버지의 말속에 녹아 있어서다.

그림책을 보며 진정한 어른상을 가늠해보기도 한다. 이런 어른 밑에서 자란 아이라면 남다른 삶을 살아낼 거라는 기대감이 생긴다. 럼피우스는 어떤 삶을 살았을까.

어른이 된 럼피우스는 할아버지와 나눴던 세 가지 일을 시작했다. 집을 떠나 다른 도시에서 살다 어느 겨울날 식물원에서 따뜻하고 축축한 공기에 실려온 재스민 향기를 맡고 열대 섬으로 떠난다. 만년설로 덮인 높은 산봉우리를 오르고 정글과 사막을 건너며 결코 잊을 수 없는 친구들도 사귄다. 그렇게 곳곳을 여행하던 중 몸에 통증이 찾아왔다. 럼피우스는 바닷가 집을 구할 때가 왔다는 사실을 직감한다. 그녀는 망설임 없이 그렇게 했다.

바닷가에 정착한 럼피우스는 집 주변에 꽃씨를 뿌려 작은 정원을 만들며 생각한다. 마지막 한 가지, 세상을 아름답게 만드는 일을. 하지만 세상은 이미 아름다웠다.

몇 년 후 우연히 자기 정원에 뿌렸던 루핀 꽃씨가 마을 언덕 꼭대기에 가득 핀 모습을 보고서야 세상을 아름답게 만들 근사한 생각을 떠올린다. 그녀는 서둘러 루핀 꽃씨를 잔뜩 사 동네 곳곳에 뿌렸다. 모두가 정신 나간 늙은이라고 말했지만 개의치 않았다. 이듬해 봄, 세상은 온통 루핀으로 가득해 정말 아름다워졌다.

*

이 책을 접한 첫 느낌은 '아름다운 이야기네!' '하고 싶은 일을 할 수 있는 환경이 부럽네. 럼피우스는 미스여서 할 수 있는 거겠지!'라는 시기심이었다. 몇 번이나 더 읽고 나서야 비로소 시기와 질투에서 벗어나 사유의 시간으로 넘어갈 수 있었다.

럼피우스는 할아버지와 보낸 시간과 할아버지가 들려주신 세상 이야기를 잊지 않았다. 그리고 가장 적절한 순간 일상성을 내려놓는 용기가 있었고 변화와 도전 또한 기꺼이 맞이했다. 럼피우스처럼 자신이 진정으로 원하는 일을 적절할 때 결정하려면 어떻게 해야 할까. 그녀는 분명 자신이 진정 원하는 삶이 무엇인지 생각하는 일만큼은 멈추지 않았을 것이다. 그녀를 닮고 싶었다.

  마음밭 한가운데 꼬물꼬물한 열정이 자라나기 시작했다. 그림책은 보면 볼수록 매력적인 예술이자 삶을 이해하는데 다채로운 경험을 제공하는 매개체였다. 우울감과 공허감으로 채워졌던 삶의 너른 빈터에 그림책이 싱그러운 활력을 품고 밀려들었다. 모든 자투리 시간을 그러모아 그림책을 공부하고 그림책 모임에 참석했다. 그리고 삶과 그림책을 나누는 법을 배워 나갔다. 럼피우스의 루핀 꽃씨는 그렇게 내 마음밭에도 날아들어 그림책이란 싹을 틔웠다.

영원한 부캐 좌충우돌 '엄마'
《이까짓 거!》+《엄마랑 나는 항상 만나》

그림책 타임머신을 타고

일과 육아의 양립은 모든 부모에게 난제다. 일과 육아를 양손에 들고 전진하는 수많은 부모는 번민에 빠진다. 특히 아이가 아플 때, 부모 참여 행사 때, 코로나19와 같은 통제할 수 없는 상황일 때 필연적으로 발생하는 보육 부재 때문이다.

박현주의《이까짓 거!》는 바로 그 부재 상황에 대처하는 아이의 건강한 모습을 담은 그림책이다.

빗속을 힘차게 뛰어가는 여자아이는 비를 맞으면서도 의연하다. 야무지게 다문 입술은 입꼬리가 살짝 올라가 있고 발그레한 볼은 짓궂음이 느껴진다. 그림책 표지만으로는 그저 빗속을 달리는 꼬마 여자아이일 뿐이다. 그런데 나는 이 그림책을 마주하고 아주 엉뚱하게도 '저릿함'을 느꼈다. 그림책에는 타임머신 기능이 있어서 우리를 오래전 과거로 보내주기도 하기 때문이다. 어느새 나는 수십 년 전, 학교 현관에 서 있었다.

*

그림책은 걱정스러운 표정으로 비 내리는 창밖을 바라보는 여자아이의 모습으로 시작한다. 우산을 챙겨온 아이들은 삼삼오오 하나둘 학교를 빠져나가는데 주인공 아이는 하늘만 쳐다보고 있다.

초등학교 현관 앞은 마중 나온 우산이 가득하다. 부모님을 따라 아이들은 집으로 돌아간다. 그때 "마중 올 사람 없니? 같이 갈래?"라고 말을 걸어주는 어른에게 아이는 "아, 아뇨…. 엄마 오실 거예요!"라고 말한다. 거짓말이다.

시간이 얼마나 흘렀을까? 한 친구가 가방을 머리 위로 받치고 빗속으로 뛰어가는 모습에 아이도 덩달아 문방구까지 함께 달린다. 차오르는 숨을 고르는데 친구가 편의점까지 음료수 내기 경주를 하자고 제안한다. 어느새 뜀박질 놀이가 된 비 오는 하굣길이다.

예기치 못한 상황에도 임기응변으로 그것도 씩씩하게 문제를 해결하는 아이 모습은 아마도 대개 부모의 바람일 것이다.

이 그림책을 검색하면 실제로 '용기' '어려움' '대처'와 같은 단어들로 즐비하다. 작가도 크고 작은 당황스러운 문제 상황에서도 용기를 내어 긍정적인 해결 방안을 스스로 터득하길 바라는 희망을 담았을 것이다.

하지만 초등학생 시절 장대비 사이를 뛰어다녀야 했던 사람으로서 아이의 뜀박질을 마냥 격려의 시선으로 보기 어려웠다. 오히려 이런 상황이 빈번했을지도 모르는 아이의 사정을 상상하면 가슴께가 시큰했다.

지금 와 생각해보면 비를 맞으며 집에 가는 상황이 6년 동안 몇 번이나 있었겠나 싶지만, 아이가 비를 맞으며 하교한다는 것은 부모의 부재를 절실히 느끼고 다른 아이들과 자신의 처지를 저절로 비교하게 되는 일이기도 하다.

그나마 여름은 나았다. 장마철에 우산은 대부분 가방에 있었고 비를 맞더라도 춥지는 않았다. 하지만 서늘한 계절에 내리는 비는 달랐다. 마음마저 스산하게 만들었다. 무엇보다 집에 돌아와도 아무도 없어 느껴야 했던, 텅 빈 공간이 주는 적막함은 지금도 생생하다.

아이가 생기고 프리랜서로 반쪽짜리 워킹맘을 선택한 가장 큰 이유가 바로 이 '부재감' 때문이었다. 일하더라도 유사시에 아이에게 늦지 않게 달려갈 수 있는 환경을 택한 이유다. 그림책이 묻어두었던 기억을 소환했다.

두 마리 토끼 잡기

 그렇다면, 프리랜서라는 허울 좋은 옷을 걸쳤던 나는 두 마리 토끼를 모두 잡았을까? 결론부터 말하면 '글쎄요'다. 프리랜서 글 쓰는 노동자의 삶은 일과 육아 모두 반쪽짜리로 만들었다. 아이에게 엄마의 빈자리를 덜 느끼게 하려던 선택은 기대에 미치지 못했다. 프리랜서라고 해도 맡은 일을 해내는 시간은 똑같았고, 종종 집을 비워야 했으며 아이에게 절대로 부재감을 대물림하지 않겠다던 다짐을 지키기란 쉽지 않았다.
 하루하루를 열심히 살아내고도 항상 미안한 마음이 드는 것은 친정엄마와 다르지 않았다. 분명 절충된 선택을 했으나, 일과 육아라는 두 마리 토끼를 모두 잡을 수 있다고 상상한 청사진은 오간 데 없이 사라졌다.
 일과 육아의 양립을 핑크빛으로 기대한 어리석은 자신에게 질책이 이어졌다. 어느 날은 일하는 엄마라는 프레임에 자신을 욱여넣고 아이를 향한 미안함을 덜어내려 애썼다. 하지만 아이가 잔병치레라도 하면 겨우 넣어둔 번뇌가 삐죽대고 튀어나왔다.
 그 무렵 독서 모임에서 만난 한 동생과 이야기를 나누던 중에 정신이 번쩍 들었다. 또래 아이 둘을 키우는 동생과는 대부분 문자로 소통하고 1년에 두세 번 만나 근황을 확인하며 책 이야기를 나누는 사이다. 어느 만남에서 일과 육아의 어려움과 그에 따른 필연의 부재에 관해 토로하다 동생이 던진 질문에 할 말을 잃은 적이 있다.

"언니는 아이를 향한 믿음이 조금도 없어? 아이 스스로 필요할 때 방법을 찾아낼 거라는 믿음 말이야. 그러다가 힘에 부치면 도움을 청하겠지. 그때 아이에게 도움을 주는 게 어떨까? 언니! 아이들은 어른들이 생각하는 것보다 강하고 건강해. 믿어줘. 언니 아이를…."

종종대며 아이를 향한 걱정과 근심을 풀어내는 내 푸념 끝에 매달린 그 친구 조언에는 나와 아이를 향한 안타까움이 묻어 있었다. 그 친구는 아이에게 따로 사교육을 시키거나 공부를 강요하지 않는다.

부족하면 부족한 대로 주어진 상황 안에서 해결한다. 아이에게 더 많이 해주기 위해 아이들과 함께하는 시간을 헐어 대가로 지불하지 않는다. 특히 부모의 권위를 세울 때는 반드시 나름의 타당한 이유를 설명한다. 동시에 믿음과 사랑의 눈으로 아이들을 대한다.

함께 뛰노는 세 아이에게 눈길이 향했다. 그 친구의 유연한 성정은 아이들에게 그대로 드러난다. 구김살 없이 잘 자라는 아이들을 보며 그제야 워킹맘이 하루하루 열심히 살아내고도 종종 죄책감이 생기는 이유를 깨달았다. 아이를 직접 돌보지 않거나 아이와 보내는 시간이 충분하지 않아 혹시나 정서적 취약성이 생겼을지도 모른다는 막연한 염려 때문이었다.

그 후로도 일과 아이 사이에서 흔들릴 때마다 번민은 여전했지만, 내 안에서는 끊임없는 질문이 생산됐다.

'하나를 놓는다고 다른 하나가 완벽할까?'

'완벽한 육아, 완벽한 일의 기준은 누가 정하나?'

'정말, 일하는 엄마가 키우는 아이들은 정서적 결핍이 생길까?'

빗속을 질주하는 아이를 마냥 격려의 시선으로만 보기 어려운 상처받은 나의 내면아이도 있지만, 현실 위에 단단히 두 발을 딛고 버티는 어른인 나도 있는 것처럼 정답은 없다고 생각하게 됐다.

두 마리 토끼를 완벽히 잡지는 못했지만, 그렇다고 그것이 오답인 것은 아니다. 다시 한번 흔들리는 마음을 다잡았다.

아이야, 엄마랑 항상 만나

부모가 아이에게 줄 수 있는 최선의 정서적 풍요는 무엇일까? 일과 육아를 병행하면서 아이의 정서적 취약성에 대해 늘 고민하던 나는 신현정의 그림책 《엄마랑 나는 항상 만나》에서 실마리를 찾았다.

✲

  이 책은 당찬 꼬마 제이와 워킹맘 엄마, 모녀의 시점이 대비를 이루며 벌어지는 하루 동안의 이야기다. 앞 페이지부터 중간까지는 아이의 시점에서 아이의 일상이 그려지고 뒤 페이지부터 중간까지는 엄마의 시점에서 엄마의 일상이 펼쳐진다.

  출근 준비로 바쁜 아침이다.

"엄마, 뭐 해? 엄마, 어디 가?"

"응? 엄마 머리 빗지. 엄마 일하고 올게, 알았지?"

"응! 엄마, 빨리 와!"

이어지는 정적.

  대비를 이루는 엄마의 시점도 마찬가지다. 핸드백을 멘 채 엄마는 잠시 뒤돌아 아이를 바라본다. 줄임표 여섯 개는 가만히 서 있는 아이와 엄마가 주고받는 먹먹함을 대변한다.

  그 후 아이는 아이대로 놀이를 통해 씩씩하게 시간을 채워가고 엄마는 힘껏 내달려 도착한 회사에서 온종일 바쁘게 보내는 장면으로 이어진다.

  제이와 엄마는 각자 좌충우돌 정신없는 시간을 지나 하루의 끝자락에서야 다시 만난다. 아이는 밖에서 놀며 엄마를 기다리다 넘어지고 엄마는 엄마대로 퇴근길 장까지 보고 서두르다 돌부리에 걸려 넘어진다. 한아름 장 본 물건이 땅에 떨어지고 표정도 머리도 엉망진창이다. 그럼에도 엄마는 곧 다시 힘차게 달렸다. 드디어 둘은 책 중간에서 만나 서로 힘껏 껴안는다. 뭉클한 감정이 뭉텅이로 올라왔다.

아이와 모든 시간을 함께하지 못한다는 미안함과 막연한 염려들로 불안했던 나에게 그림책은 그러지 않아도 된다고 다정하고 따뜻하게 위로해주었다.

이 그림책을 만나고서야 항상 바쁘게 일터로 향해도 때가 되면 '언제나 만날 수 있다는 믿음이 주는 안정감'이야말로 아이에게 진정으로 필요한 '견고한 정서의 주춧돌'이라는 확신이 섰다.

*

나는 내 아이를 믿을 때까지 오랜 시간을 불안해하며 허비했다. 시간을 되돌릴 수 있다면, 지난날의 나에게 부디 그 불안은 넣어두라고 말하고 싶다.

제이처럼 우리 아이도 주어진 하루를 잘 보낸다. 여전히 사람을 좋아하고 엄마 바라기지만, 점점 친구가 중요한 소녀로 자라고 있다.

지금도 더러 아이를 향한 죄책감이 밀려오고 스멀스멀 불안감이 피어오르기도 한다. 그럴 때마다 반짝반짝 빛나는 동생의 조언을 떠올리고 그림책을 보며 마음을 다잡는다.

아이들은 부모의 염려보다 훨씬 더 잘 해내고 있다.

준의 이야기

마흔에 찾아온 사춘기
원두막 그늘이 필요한 순간
나조차 몰랐던 내 안의 버럭이

마흔에 찾아온 사춘기

《나를 찾아서》+《복서》

슈퍼우먼 콤플렉스

한때 나의 꿈은 '슈퍼우먼'이었다. 자기 분야에서 인정받는 전문 여성, 살림도 살뜰히 하는 아내, 아이도 훌륭하게 키우는 엄마 말이다.

지금 생각하면 '꿈도 참 야무지다'고 말리겠지만 열정과 젊음으로 불타던 스물 후반, 내 사전에 불가능이란 없었다! 하지만 부단히 애를 쓴 그 노력의 결과는 마흔 번째 생일날, 촛불이 환하게 타오르는 생일 케이크 앞에서 '죽고 싶을 만큼 힘들다'며 서럽게 목놓아 우는 시트콤으로 끝나고 말았다.

그때부터였다. 내 나이 마흔에 '진짜 나'에 대한 궁금증을 가지고 때늦은 사춘기가 시작됐다.

*

고운 분홍색 표지에 물고기가 헤엄치는 평화로운 풍경을 담고 있는 변예슬의 그림책《나를 찾아서》는 제목을 보는 순간, 이 몸을 위해 준비된 예언서 같았다.

몽환적인 물속, 그 가운데 투명한 물고기들이 무리 지어 유영하고 있다. 그런데 그중 한 마리가 '신비로운 빛'을 보고 무리를 이탈한다. 빛을 따라간 곳은 나에게 없는 것으로 가득 차 있다.

'나도 이렇게 빛나고 싶어'.

물고기의 마음을 알았던 것일까? 탐스러운 붉은빛 보석에 입을 맞추자 인류의 원죄가 시작된 선악과처럼 물고기의 몸이 빨갛게 물들고 만다. 하지만 물고기는 여기서 멈추지 않는다. 더 반짝이는 것을 찾아 그 빛에 자신을 물들이고 또 물들인다.

처음과 다르게 변해버린 모습을 보고 다른 물고기가 '별나게 생겼다'며 비웃었다. 수많은 눈동자 사이에서 '너 자신을 잃어버렸다'는 말까지 듣는다. 물고기는 이 모든 것들을 부정할 뿐 믿고 싶지 않았다. 할 수 있는 건 도망치는 일뿐이었다.

본연의 모습을 잃어버린 물고기는 때늦은 질풍노도 속에서 방황하는 나를 보는 것 같았다. 커리어도, 자녀 양육도, 살림도 무엇 하나 포기하지 못하는 나의 슈퍼우먼 콤플렉스가 보석처럼 빛나고 싶었던 물고기에 투사되어 보였다. 하지만 시간이 흐를수록 욕심은 문제를 낳았다. 엄마로, 아내로, 작가로 분주하게 하루하루를 살면서 나는 내가 누구인지 무엇을 하고 있는지 그 의미를 잃어버리고 말았기 때문이다.

쌍둥이 임신과 함께 방송 일을 그만둘 때, 나는 상실감으로 불안했다. 아이를 낳고 몸을 추스른 지 3개월 만에 프리랜서로 급히 업무에 박차를 가한 것도 지금까지 쌓아온 공든 탑이 무너질까 봐 두려웠기 때문이다. 여기에 "아이를 낳고 경단녀가 됐다"라는 소리는 죽어도 하고 싶지 않았다.

재택으로 업무 형태를 바꾸자 오전과 오후는 육아와 살림으로 눈코 뜰 새 없이 바빴다. 밤 10시쯤 두 아이를 재우며 까무룩 잠들었다가 새벽 3시에 벌떡 일어나 동이 트는 걸 보면서 원고작업을 마감했다. 떠오르는 해를 보면서 왠지 모를 서러움에 울기도 많이 울었다. 나는 누구고 대체 왜 이렇게 사는 걸까?

*

도망치던 물고기는 거울이 있는 장소에 이른다. 거울에는 얼룩덜룩한 현재가 아닌 본래 투명하고 순수했던 과거의 모습이 비친다.

'날 기억해줘.'

물고기는 거울에 비친 자신을 알아보지 못했다. 하지만 곧 자기 내면의 목소리에 이끌려 거울 속 자기 모습에 입을 맞춘다. 그러자 지금까지 물고기를 물들였던 색깔들, 자신의 것이 아니었던 낯선 빛들이 입 밖으로 쏟아져 나오는 것이 아닌가? 분별없이 가득 채워놓았던 허상들이 비워지고 나서야 물고기는 진짜 자신만의 빛으로 빛난다.

일과 육아 그리고 살림, 이 세 마리 토끼를 잡고 싶었던 지난 순간들은 '내 욕망의 필모그래피'다. 계속 부정하고 있었던, 아니 부정해야만 했던 이 진실을 그림책 위에 쏟아냈다.

작가의 말 가운데 '결국 진정한 자신을 찾을 수 있었던 것은 더 나은 내가 되는 걸 포기하지 않았기 때문'이라는 구절이 헛헛한 마음 안으로 잔잔히 스며들어왔다. 물고기가 진정한 자신의 내면을 회복하고 화해했듯, 그림책을 통해 그동안 잊고 있던 나를 직면하는 순간이었다.

인생 제2라운드 필승전략

영화 〈록키〉의 BGM을 흥얼거리게 하는 그림책이 있다. 이란의 화가이자 일러스트레이터인 하산 무사비가 쓰고 그린 《복서》다. 작가의 출신국가 때문인지 태양이 작열하는 열사의 사막이 배경일 것 같다. 하지만 표지에는 어두운 벌판에서 눈보라를 맞으며 꽃무늬 팬츠 바람의 복서가 팔을 뻗고 있다. 앞도 제대로 보이지 않는 혹한기에 그는 무엇을 생각하며 강렬한 스트레이트를 날리고 있는 것일까?

*

복서는 이름이 없다. 나이와 몸무게, 심지어 대회 기록조차 없다. 그저 어릴 때부터 밤낮으로 주먹으로 치며 자랐다는 사실만 적혀 있다. 그런데 복서가 주먹으로 치는 대상이 특이하다. 샌드백도 링 위의 상대 선수도 아니다. 풀이 우거진 들판과 구름, 나무 같은 존재들이다. 복서에게 사람들은 환호한다. 군중에 둘러싸여 양손을 번쩍 들고 있는 그의 모습은 마치 챔피언이라도 된 듯 보인다.

하지만 그 이후, 복서의 주먹은 완전히 달라진다. 치는 것이 아니라 바위를 조각내고, 거대한 파도를 만들어내며, 부수고 떨어뜨리고 뭉개고 날려버린다. 펀치는 더 강해졌지만 그의 곁에는 아무도 남아 있지 않다.

복서와 나에게는 공통점이 있다. 지금 할 수 있는 일에 '올인'하는 사람이라는 것이다. 일 중독자, 일명 워커홀릭처럼 자신에게 닥친 상황에 지나치게 몰두하다 보니 미처 주변을 돌보지 못한다. 자신조차 어떻게 변했는지 모른다. 공격적이고 파괴적으로 바뀐 복서의 주먹이 외로워 보였던 까닭은 그가 나를 많이 닮았기 때문이었다.

　복서라면 엄마로, 아내로, 작가로 최선을 다해 살았지만 정작 가족과 주변 관계에 상처와 아픔을 주었던 나를 알아줄 것 같았다.

　주먹을 치는 것을 멈춘 복서는 우연히 자신의 낡은 권투장갑에 새겨진 하트를 보게 된다. 엄마의 사랑이 담긴 하트였다. 그것이 아버지가 자신에게 주먹으로 치는 법을 가르쳐준 이유이자 자신에게 준 힘의 정체라는 사실을 깨닫는다. 그리고 '진정한 복서'로서 사람들의 행복을 위해서만 주먹을 움직였던 아버지를 떠올린다.

　하트를 통한 통찰 이후, 복서의 주먹은 다시 한번 달라진다. 이번에는 사람들을 위해 도움을 주는 일에 주먹을 뻗는다. 어느 날 복서에게 한 아이가 찾아와 주먹으로 치는 법에 대해 묻자 그는 이렇게 대답한다. "주먹을 뻗기 전, 먼저 너의 주먹이 어디로 향하는지를 꼭 생각하라"라고.

*

　권투경기로 치자면 마흔은 '인생 제2라운드'가 아닐까? 링 위에 올라서는 나의 전략은 1라운드 때와는 다르다. 더는 내 안의 욕심이나 불안 때문에 주먹을 날리지 않을 것이다. 복서처럼,

나도 방향을 정확하게 생각하고 뻗을 것이다.

　나의 주먹을 감싸는 글러브(glove)에는 사랑하는 가족과 지인들을 생각하며 하트(love)를 새겨 넣었다.

　준비는 끝났다. 자, 이제 나만의 인생 제2라운드 경기를 멋지게 뛰어볼 차례다!

원두막 그늘이 필요한 순간

《빨리 빨리 빨리!》+《수박이 먹고 싶으면》

그림책 서가에서 만난 임자

'인생은 타이밍'이라는 말이 있다. 무엇을 할 때, 시기가 중요하다는 뜻이다. 하지만 엄마라는 이름으로 살다 보면 그 타이밍을 잡는 일이 말처럼 쉽지 않다. 하지만 작심했다. '엄마가 행복해야 가족 전체가 행복하다'는 진리를 명분 삼아 나만을 위한 시간을 만들어보자고! 엄청난 호사는 아니어도 진정한 소확행(소소하지만 확실한 일상의 행복)을 찾아보자고!

그 이후 나는 일주일에 두세 번 그림책을 보기 위해 도서관이나 서점을 방문한다. 이 시간을 특별히 '도서관 마실'이라고 이름 지었다.

도서관 마실에 나서면 제일 먼저 서가를 산책하듯 둘러본다. 자주 애용하는 동네 도서관의 그림책 서가는 800번대. 그림책은 판형이나 색깔이 저마다 다르기 때문에 책이 꽂혀 있는 형태나 느낌이 균일하지 않다. 전집 코너가 정원사의 손을 탄 질서정연한 정원이라고 한다면, 그림책 코너는 각각의 모습 그대로 피어 있는 풀꽃의 군집인 야생 들판이 아닐까?

천천히 서가를 둘러보는데 툭 튀어나온 책 한 권이 눈에 띄었다. 길쭉한 바게트처럼 가로가 긴 직사각형 판형의 책을 뽑아 제목을 보는 순간, 잠시 정차해둔 일상의 분주한 마음에 누군가 시동을 거는 것이 아닌가! 클로틸드 페랭의 그림책 《빨리 빨리 빨리!》는 제목에서부터 독자의 마음을 재촉하는 작품이었다.

*

따르릉. 여섯 시가 조금 넘은 시간, 눈을 번쩍 뜬 아이가 용수철처럼 자리를 박차고 일어나 옷을 입고 나갈 채비를 서두른다. 쏜살같이 집을 나선 아이는 '미친 듯이 달리고 있는 친구'를 앞질러 나간다. 그리고 이제 막 출발하려는 버스에 아슬아슬하게 올라탄다. 다행히 세이프! 버스는 문도 제대로 닫지 않은 채 다른 차들을 가로지르며 도시를 빠져나간다.

그림책이 집요해질 때가 있다. 도플갱어도 아닌데 나와 닮은 주인공을 등장시켜 자꾸 스스로를 돌아보게 한다. 들키고 싶지 않은 흑역사를 마치 다 알고 있는 것 같다. 책을 열자마자 순식간에 펼쳐 보여주는 소년의 아침은 그날 나의 모습과 별반 다르지 않아 뜨끔했다.

눈을 뜨자마자 아이들의 이름을 외쳐 부르며 나는 아침 식사 준비와 등교를 독촉했다. 남편과 일정을 서둘러 공유하고 마감일이 코앞인 원고까지 후다닥 해치운 모습이 그림책 속 소년과 판박이다. 겨우 도서관으로 마실, 아니 피신을 온 것인데 하필 뽑아 든 책이 이런 내용일 줄이야! 그림책의 삼분의 일만 읽었을 뿐인데 직감할 수 있었다.

'나 오늘, 임자 만났구나!'

교통수단을 갈아타며 전력 질주해온 소년은 초음속 비행기를 놓치면서 더는 달려야 하는 이유를 잃어버리고 만다. 이제 할 수 있는 일이라고는 왔던 길을 되돌아오는 것뿐. 아이는 천천히 발걸음을 옮긴다. 그러자 빨리 달릴 때는 보지 못했던 풍경과 순간이 눈에 들어오기 시작한다. 날아가는 무당벌레, 나무 사이의 고요함, 잔잔한 물결을 바라본다. 심지어 빗방울의 무게, 새들의 고운 노랫소리, 잘 익은 체리의 맛까지 멈춰서야 비로소 볼 수 있는 것들을 오감으로 느낀다.

한때 나도 "돌격 앞으로"를 외치며 달리던 때가 있었다. 눈앞에 일을 해치우느라 늘 급급했고 자신을 하얗게 불태운 나머지 결국 번아웃에 빠지고 말았다. 몸과 마음이 아프고 나서야 비로소 바쁜 삶의 틈바구니에서 놓치고 있던 풍경과 순간을 보고 느낄 수 있었다.

그림책 《빨리 빨리 빨리!》는 마치 메트로놈 같은 작품이다. 나도 모르게 빨라지는 삶의 속도를 다시 맞춰보라고 박자를 알려주는 것 같았다. 제목과는 다른 반전의 의미. 이 책이 독자에게 전해주고 싶은 진짜 메시지는 어쩌면 빠름과 재촉이 아닌 느림과 여유의 미학이 아닐까?

수박 한 통에 숨겨진 비결

따뜻한 수채화풍의 그림과 시를 닮은 문장이 조화를 이루는 그림책이 있다. 김장성 작가가 쓰고 유리 작가가 그린 《수박이 먹고 싶으면》은 카메라의 클로즈업과 풀샷 화면이 절묘하게 어우러진 자연 다큐멘터리 같은 작품이다.

그림책은 첫 장을 넘기는 동시에 어느 시골의 너른 밭으로 독자를 안내한다. 방금 땅을 갈아엎기 시작한 농부 할아버지의 거친 발꿈치와 소의 투박한 쟁기가 첫 페이지를 가득 채운다.

알맞게 파인 땅에 농부는 수박씨를 정성스럽게 심고 있다. 그뿐 아니다. 퇴비와 흙을 신경 쓰고 물을 뿌려준다. 싹을 틔우고 자라는 수박을 솎아내고 그 위에 볏짚을 깔아 잡풀은 뽑고 진딧물은 제거한다.

하지만 누구도 알려주지 않는 농부 할아버지의 수박을 잘 키우는 비법은 따로 있다. 수박 곁에서 '잘 자라라고 나직이 속삭여주고, 싹이 제가 절로 난 줄 알도록 무심한 듯 모른 척해주는 것'이다. 떡잎이 솟아나 있으면 "대견하다, 기특하다" 활짝 웃으며 아이처럼 기뻐할 줄도 알아야 한단다. 헐! 요즘 2만 원을 우습게 넘어가는 수박값이 비싸다고 툴툴댔던 불만이 쑥 들어가고 만다.

*

성실과 정성으로 가꾸는 농부 할아버지의 모습을 보며 애지중지 가꾸는 나의 밭을 떠올려 본다. 내 인생의 화두라고 해도 과언이 아닌 결혼과 육아 그리고 일이다. 하지만 처음 뿌려 보는 씨도 있고, 돌봐야 할 밭이 많으니 만만치 않다. 최선을 다해 보지만 웬일인지 결과가 만족스럽지 않다.

남편과 종종 목소리 높여 언쟁하기도 한다. 애당초 농사 따위는 나의 길이 아니었다며 후회도 하지만 차마 농사를 접을 수 없지 않은가! 잘 해보려 애를 써도 알아주는 이 없으니 내 자신이 초라하기만 하다.

   농부 할아버지는 이런 내 마음을 아는지 모르는지 갑자기 원두막에 오르셨다. 난간에는 벌써 흙투성이가 된 목장갑과 녹슨 호미가 걸려 있고, 고추잠자리가 그 위에 날개를 늘어뜨리고 앉았다. 수박이 열리려면 일을 더 해야 할 것 같은데 속 편히 쉬시는 어르신이 못마땅하다. 얼음이 동동 뜬 시원한 미숫가루 한 사발까지 들이켜신 농부 할아버지는 지그시 눈을 감으며 한 말씀 하신다. "너무 지치거나 더위를 먹지는 않게, 가끔 원두막 그늘에 올라 시원한 미숫가루 한 사발 들이마시고 낮잠 한숨 잘 줄도 알아야 한다"라고.

   밭에서 뻘뻘 땀을 흘리며 동동대던 나의 마음에 순간 소나기가 시원하게 쏟아져 내렸다. 그렇다. 지금 내게 필요한 것은 최선과 성실이 아닌, 수고하고 지친 나 자신을 위한 쉼이고 위로였다. 서투른 열정과 고집스러운 열정으로 고군분투해온 나는 농부 할아버지 말씀 한마디에 마음이 왠지 모르게 울컥했다. 이제는 땀을 식히고 숨 좀 돌리라고, 그가 나를 시원한 원두막 그늘로 불러주는 것 같았다.

*

   농부 할아버지의 수박 재배 비결은 알고 보면 단순하다. '수박이 먹고 싶으면 수박이 익기를 기다려야 한다'라는 것이다.

하지만 그 인내의 시간 동안 밭에 뿌린 씨앗 못지않게 나 자신도 돌봐주어야 하는 존재라는 사실도 깨닫게 되었다.

최선과 성실만으로 살아서는 속이 빨갛게 익은 수박의 단맛을 결코 알 수 없다. 적당한 쉼과 여유를 통해 새 힘을 얻은 사람만이 수박이 익기까지 밭을 돌볼 수 있고, 여름날 달콤한 수박을 이웃과 함께 나눠 먹으며 그 참맛을 알 수 있기 때문이다.

오늘 하루, 나는 어떻게 살았는가? 적당한 타이밍에 한번씩 숨을 고르며 쉬는 일은 이제 일 못지않게 중요한 삶의 지혜로 자리 잡았다.

나조차 몰랐던 내 안의 버럭이

《내 안에 공룡이 있어요!》+《작은 꽃》

화의 도화선을 찾아라

 미국 픽사의 애니메이션 〈인사이드 아웃〉에는 캐릭터로 의인화된 다섯 가지 감정(기쁨, 슬픔, 까칠함, 소심함, 화)이 등장한다. 특히 뇌의 중앙본부에서 '감정의 주도권'을 누가 잡느냐에 따라 그때그때 감정이 달라진다는 설정은 이 영화를 더욱 흥미롭게 만든 요소였다.

 그렇다면 내 감정의 주도권은 누가 잡고 있을까? 기꺼이 기쁨이라고 말하고 싶지만, 옆에 버럭이의 표정이 심상찮다. 그래, 솔직하게 인정하자. 버럭이가 내 '감정의 센터'라고 말이다.

 은연중 화를 다루고 있는 그림책을 보면 나도 모르게 피하게 된다. 아이들과 읽다 보면 "이거 딱 엄마인데?" "엄마도 심호흡 좀 해봐, 화가 사라질 거야"라며 되려 돌직구를 맞기 때문이다.

어른인 내가 화라는 감정에 날뛰는 모습이 솔직히 부끄럽다. 버럭이에게 감정의 주도권을 쉽게 내어주지 않기 위해서는 어떻게 해야 할까? 화를 주제로 다루는 그림책을 그제야 펼쳐보기 시작했다.

다비드 칼리의 그림책 《내 안에 공룡이 있어요!》의 주인공 악셀도 '화'하면 빠질 수 없는 인물이다. 어른들은 평소 친절하고 얌전한 그가 숙제하기와 식탁 정리하기, 그리고 방 정리를 좋아한다고 생각한다. 하지만 사실은 정반대다. 화가 난 악셀은 '브론토 메갈로 사우루스'로 돌변해 온 집안을 발칵 뒤집어놓는다.

그림책을 처음 봤을 때는 공룡으로 변신해 화를 분출하는 악셀의 행동에 집중이 됐다. 집을 난장판으로 만들고 가족들의 정신을 쏙 빼놓는 모습이 볼썽사납다.

화를 내는 입장이 아닌 관찰하는 입장에서 악셀을 화나게 만드는 이유를 찾아 그림책을 되짚어보았다. 그리고 '방 정리'라는 말을 듣고 돌변하는 그의 표정을 보는 순간, 악셀의 마음속

버럭이가 감정의 주도권을 잡았다는 것을 확인할 수 있었다.

악셀을 통해 알 수 있듯 화에는 '도화선'이 반드시 존재한다. 이 선에 불이 붙는 이유만 제대로 안다면 화 때문에 이불킥을 날리는 일은 점차 줄여나갈 수 있지 않을까?

*

지금까지 화가 났던 사건들을 떠올리며 그때 나의 상황과 감정을 정리해보았다. 악셀처럼 내 얼굴 표정이 순식간에 변하는 지점을 발견했다. 놀랍게도 상대방의 '예의 없는 말버릇과 무례한 태도' 때문에 감정이 상할 때 버럭이가 감정을 주도했다.

관계에서 전제되어야 할 기본 예의가 무시됐을 때 느끼는 불쾌함과 짜증이 도화선에 불을 붙이는 것이다. 게다가 기분 나쁜 감정을 제대로 표현하지 못하고 마트 마일리지처럼 차곡차곡 적립하는 습성 때문에 화는 분노로 번지기 쉬웠던 것이다.

화는 낼 때보다, 내고 난 이후가 더 치명적인 감정이다. 화내고 난 후 시간이 지나면서 자책감과 후회 그리고 수치스러운 감정이 밀려와 마음에 내상을 입힌다.

만약 이 분노를 치유하지 않고 계속 마음 안에 품고 있으면 어떻게 될까? 분명한 건 이 상처를 볼 때마다 내 안에서 원망과 억울함은 물론 상대방에 대한 미안함과 관계에 대한 걱정까지 사정없이 소용돌이친다는 것이다. 결국 괴롭고 복잡한 감정 안에 무기력하게 갇히고 만다. 그림책은 이런 나에게 화를 낸 후, 나 자신을 바로 바라보고 다독여주는 회복의 손길을 내밀어보라고 알려주었다.

성벽 밖으로 나올 용기

김영경의 《작은 꽃》은 글이 없는 그림책이다. 문자가 없는 책은 고요하다. 그림책 작가는 "나에게 집중하다 보면 자아가 점점 강해지고, 고립되는 마음이 들기도 한다"라며 "그림책 속 주인공이 자신과 같다"라고 말했다. 그녀의 말은 지금까지 화라는 감정에 사로잡혀 스스로 고립된 채 가슴앓이를 했던 내게 부드럽게 다가왔다. 작가는 보다 폭넓은 의미에서의 관계와 소통을 보여주고 있지만 그 안에서 나는 모난 감정과 화해하고 포용하는 순간을 볼 수 있었다.

*

파란 아이가 벽돌로 성을 쌓고 있다. 성이 높아지면서 아이의 몸집도 점점 커진다. 이 장면을 두고 그림책 작가는 '성안에 벽돌을 쌓아 올리는 데에만 온통 정신이 팔려 있는 아이는 점점 높아지는 성과 함께 몸도 계속 커져 결국에는 성안에 갇혀버린 모습'이라고 설명했다.

파란 아이는 마치 화를 잔뜩 내고 난 이후, 자신을 회피하는 나의 또 다른 모습으로 읽힌다. 한 차례 감정의 폭풍이 몰아치고 난 다음 걷잡을 수 없이 번지는 수치와 굴욕, 민망과 죄책감은 맨정신으로 감당하기 어렵다.

이럴 때는 인정보다 외면하는 편이 차라리 낫다. 성을 쌓아가며 자신을 고립시킨 파란 아이는 상황을 수습하기는커녕 누구와도 소통을 불허하며 은신처에 숨으려고 했던 나의 내면을 그림으로 형상해놓은 자화상 같았다.

《오늘은 이만 좀 쉴게요》을 저술한 손힘찬 작가는 인터뷰를 통해 인간관계에서 슬픔이나 분노와 같은 부정적 감정으로 힘들어하는 사람들에게 "자신의 감정과 마주하라"라는 조언을 건넨다. 그 이유는 간단하다. 대부분 사람이 자신의 분노와 슬픔에 대한 근본적인 이유를 회피하기 때문이다.

손 작가는 자신의 감정이 어떤 상태인지 그 이유를 천천히 생각하다 보면 스스로 오해나 잘못을 발견하고, 자기 자신이 위로를 받는다고 말한다. 그러므로 '자신의 감정을 방치하지 말라'고 당부했다.

화낼 때마다 회피하기 급급했던 나는 "감정을 마주하라"라는 말에 마음이 뜨끔했다. 어쩌면 내 안의 수치심과 두려움이 파란 아이가 쌓은 성벽처럼 나를 외부와 단절시켰던 것은 아니었을까?

성벽을 계속 쌓아가며 고립되는 파란 아이, 어느 날 이 아이에게 노란색 꽃 한 송이를 든 빨간 아이가 찾아온다. 거인처럼 커진 파란 아이는 자기 손가락 크기만 한 빨간 아이를 물끄러미 내려다보더니 꽃을 받아든다. 벽돌 위에 올려둔 꽃을 물끄러미 바라보던 파란 아이는 무슨 결심이 섰는지 성벽을 넘어 밖으로 나온다! 이윽고 두 아이는 노란 꽃을 함께 바라보며 꽃향기를 맡는다.

몸집에서부터 큰 차이를 보였던 아이들이지만 파란 아이는 성 밖으로 나온 이후 빨간 아이만큼 서서히 작아진다. 이뿐만이 아니다. 자신이 쌓은 성의 벽돌을 이용해 빨간 아이와 함께 새롭게 집을 지어나간다. 마침내 완성된 집의 지붕에서 그들은 다정하게 같은 곳을 바라본다.

*

내 곁으로 그림책을 더 가까이 끌어당길 때가 있다. 혼자서는 무엇을 어떻게 해야 할지 막막하고 암담할 때, 머리로는 알고 있지만 차마 마음이 어찌지 못할 때 더욱 그렇다. 화를 낸 이후 나를 인정하기 어렵고 아득한 우주로 사라지고 싶을 만큼 부끄러워질 때, 도망치고 싶고 부정하고도 싶다. 하지만 노란 꽃을 들고 파란 아이를 찾아온 빨간 아이처럼 용기를 내야 한다고, 그 회복의 지점에 바로 서야 한다고 그림책이 내게 속삭여 주고 있었다.

  지시적이고 직접적인 훈계가 아닌, 다정하고 따뜻하게 나를 품어주는 그림책 《작은 꽃》은 '화'라는 감정의 폭풍이 휘몰아치고 난 후, 내면에 치명상을 입을 때마다 내 곁으로 끌어당기는 치유의 작품이 되었다.

Part 4

그림책으로 더 나은 내가 됩니다

란 의 이야기

어른다운 어른이 필요한 이유
몽글거리는 사랑이 흘러들다
홀로서기
환상의 힘
밥벌이라는 일상의 아름다움
삶의 돌풍을 마주하는 태도

어른다운 어른이 필요한 이유
《달려!》

누군가 손을 내밀어준다면

　세상에 대한 증오로 항상 화가 나 있는 흑인 소년 레이는 온 세상을 깨부수고 싶은 마음이다. 자신이 처한 가난한 환경에 대한 불만과 흑인을 향한 세상의 편견 때문이다. 다비드 칼리의 그림책 《달려!》의 주인공 레이가 겪은 백인 친구들의 적대는 모멸감을 느끼기에 충분했다. 흑인이라고 배척하는 것도 모자라 어떤 날은 레이의 얼굴을 문지르며 검은색이 묻어나는지 보자고 싸움을 거는 친구들도 있었다.

　상황이 이렇다 보니 걸어오는 싸움은 피하지 않고 주먹으로 맞서면서 '노터치 레이(건드리면 안 되는 레이)'라는 별칭까지 얻었다. '환경이 사람을 만든다'는 말에 기대어 바라보면, 레이의 거친 행동은 생존을 위한 방편이었을지도 모른다. 그런데 그 환경 또한 사람이 만든다고 생각하니 어쩐지 억울했다.

  아직 보살핌이 필요한 레이에게 손 내밀어주는 제대로 된 어른이 있었다면, 환경을 바꿔줄 누군가가 있다면, 레이의 삶도 달라지지 않을까.

*

  다행히 레이 앞에 여느 어른들과는 다른 사람이 나타난다. 새로 부임한 챕맨 교장선생님이다. 그를 만난 후부터 레이의 인생에 변화의 바람이 찾아왔다. 싸움으로 교장실에 불려간 레이에게 교장선생님은 꾸지람 대신 권투를 할 생각이었냐고 묻고는 다음 날 운동장에서 만나자고 한다. 그동안 겪어온 선생님들과는 달랐다.

  운동장에서 만난 챕맨 교장선생님은 레이에게 "권투선수에게 가장 중요한 것은 호흡이야. 결국 차이를 만드는 건 주먹이 아니고 끝까지 견디는 거야. 선수들은 달리기를 통해서 호흡을 조절하는 법을 배운다"라고 말하더니 운동장을 달리라고 한다. 그렇게 챕맨 교장선생님은 레이에게 넘치는 에너지를 다루는 법부터 가르치기 시작했다.

  운동장 좀 뛴다고 뭐가 달라질까 싶지만, 놀랍게도 레이는 운동장을 뛰면서부터 변했다. 달리기를 통해 자신에게 집중하는 방법을 배웠고 교장선생님의 권유로 출전한 달리기 시합에서 좌절 속에서도 성취를 경험하는 방법을 깨닫는다. 교장선생님은 서서히 레이가 처한 환경을 바꿔나갔다. 달리기를 시작한 후부터 레이는 더는 전처럼 많이 싸우지 않았다. 집에서도 나아졌고 학교에서도 수업에 집중하기 시작했다.

누구에게나 '달의 뒷면'이 있다

소년 레이가 이렇게 변할 거라고 누가 상상이나 했을까. 수년 동안 친구들의 멸시와 조롱을 받으며 혼자 백인 학교를 다녔던 레이의 내면은 상처투성이였을 거다. 자신을 지키기 위해 매일 싸울 수밖에 없었던 레이만의 속사정은 '달의 뒷면'과 같다.

달의 뒷면은 지구에서는 좀처럼 보기 어렵다. 지구 중력에 의해 공전주기와 자전주기가 같아져 달은 항상 앞면이 지구를 바라보고 뒷면은 지구를 등진다. 그래서 지구의 관측자 시점에서는 거의 안 보이는 달의 절반 부분을 우리는 달의 뒷면이라 말한다. 다만, 달의 앞면과 뒷면의 경계 지대의 약 18퍼센트는 각도 변화에 따라 조금 관찰할 수 있다. 달의 뒷면은 보이지 않지만, 분명 존재한다.

달의 앞면만 보고 그것이 달의 전부라고 여긴다면 이 얼마나 엄중한 오해인가. 친구들도 레이에게 '노터치 레이'라는 별명을 쉽게 붙였다. 항상 화가 난 레이를 바라보는 선생님들에게도 레이는 '문제아'였을 거다. 오로지 챕맨 교장선생님만 레이의 다른 면을 보길 원했고 관심을 두었다. 그는 한 아이의 달의 뒷면을 보기 위해 기꺼이 움직이는 어른이었다.

레이는 이후 어떻게 되었을까. 챕맨 교장선생님에게 배운 그 특별한 수업을 잊지 않은 채 어른이 된 노터치 레이는 교편을 잡는다. 그리고 어릴 적 자신을 꼭 닮은 아이를 만나러 학교 운동장으로 향한다.

*

그림책을 보면서 '삶의 목적이 시와 미, 사랑과 낭만'이라고 말한 영화 〈죽은 시인의 사회〉의 캡틴 키팅이 떠올랐다. 캡틴 키팅과 챕맨 교장선생님은 세상과 주변 편견에도 아랑곳하지 않고 상대방을 있는 그대로 바라보는 안목을 갖췄다. 그리고 인생의 의미를 하나씩 일러준다.

어른인 우리도 누군가에게는 그래야 하지 않을까? 지금 우리가 누리는 안온함은 혼자만의 노력으로 얻은 게 아니다. 서로에게 의지하고 배우며 누군가에게 조금씩 빚진 채로 어른의 자리에 섰다. 우리도 챕맨 교장선생님처럼 누군가 가진 달의 뒷면을 보기 위한 노력 정도는 해볼 수 있다고 생각한다. 상상해보자. 그 같은 조력자가 있다면, 고난이라는 산을 좀 더 쉽게 넘을 수 있지 않을까? 자신에게 다른 면을 기대하는 타자의 다정함 안에서 개인은 주도권을 가지고 성장할 수 있다. 누군가에게 '의미 있는 타자'가 되어주는 어른의 역할은 각자도생이 마치 당연한 일처럼 여겨지는 일상을 따뜻한 온기로 채워줄 것이다.

몽글거리는 사랑이 흘러들다
《새가 되고 싶은 날》

소년의 사랑

 한 소년이 학교에 간 첫날 사랑에 빠졌다. 첫사랑이었다. 스스로 그렇게 인정한 후부터 소년의 감정은 날이 갈수록 커져만 갔다. 하지만 소년에게 눈길조차 주지 않는 소녀, 칸델라는 새에게만 관심을 둔다. 바지, 치마, 머리핀, 공책, 책가방에도 새가 그려져 있을 정도로 푹 빠져 있다.
 소년의 일상은 칸델라를 만난 후 바뀌었다. 집에 돌아온 후에도 칸델라 생각으로 가득하다. 칸델라는 항상 새만 바라보지만, 소년은 칸델라만 바라본다. 그러던 어느 날 아침 소년은 새가 되기로 결심한다.

그림책《새가 되고 싶은 날》은 어설프고 서툴러 더 아름다운 한 소년의 첫사랑 이야기다. 사실 표지와 제목으로는 내용을 알기 어려웠던 그림책이다.

회백색 바탕에 눈과 부리가 커다란 새만 덩그러니 놓인 표지를 보고 누가 사랑 이야기라고 생각할까. 게다가 새는 거친 스케치에 반지의 제왕에 등장하는 악당 사우론의 눈을 하고 있으니 내용을 짐작하기 더 어려웠다. 아, 회백색의 풋풋한 사랑 이야기라니! 하기야 사랑을 꼭 핑크빛으로만 표현하라는 법도 없지 않은가.

*

소년은 긴 부리에 큰 눈과 작은 날개를 가진 새 모형을 만들어 쓰고 다닌다. 깃털 옷이라고 부르는 새 모형은 머리부터 허리까지 가려질 정도로 크다. 친구들이 킥킥대며 비웃어도 소년은 상관없다고 생각하며 깃털 옷을 벗지 않는다. 정말 새가 되고 싶었으니까!

소년은 매우 진득했다. 깃털 옷 때문에 축구를 할 때도 뒤뚱거리고 나무를 탈 때도 힘겨웠지만, 깃털 옷을 벗지 않았다. 화장실에 갈 때조차 불편을 감수한다. 부지불식간에 소년의 일상을 차지한 칸델라라는 존재는 소년이 평범함을 버릴 만큼 커졌다. 남의 시선 따위는 안중에도 없는 소년의 사랑은 순정의 다른 이름이다.

　문득 궁금해졌다. 사랑하는 사람을 위해 상대가 좋아하는 대로 되려고 노력하는 사람이 얼마나 될까? 지금 우리는 사랑하는 사람이 무엇을 바라보고 어느 방향으로 걸어가는지 알고 있는가? 사랑하는 사람이 소중히 여기는 것, 새로 관심 두는 것에 대해 과연 나는 얼마나 알고 있나? 혹시 소홀히 하고 있진 않나? 소년이 보여준 순정이라는 사랑은 내 삶과 주변으로 흘러들고 있었다.

사랑, 그 신비로운 마법

　그림책을 읽다 보면 소년 소녀의 엇갈리는 마음이 도드라지게 다가온다. 아마도 그 이유는 간결한 글과 최소한의 색을 사용한 그림이 주는 여백미 때문일 것이다. 거기에 인물들의 방향성까지 더해져 절절함은 배가 된다. 그림책은 면지를 제외하고 내지는 전부 무채색으로 이루어져 있다.

　사랑처럼 펄떡이는 감정이 표현되는 모든 순간을 무채색으로 둠으로써 첫사랑의 몽글함은 되려 선명해진다. 또 간결한 글과 그림은 여백을 통해 독자에게 충분히 상상할 수 있는 침묵의 시간을 선사한다.

그림책 속 주인공들은 대부분 서사 진행 방향에 따라 왼쪽에서 오른쪽으로 움직이거나 오른쪽을 바라보게 되는데, 소년은 화답 받지 못한 마음을 대변하듯 대부분 서사 진행 방향과 반대되는 왼쪽을 바라보고 있다. 이는 읽는 이에게 부조화를 통한 특정한 '관점'을 부여하는 일종의 장치다. 둘의 엇갈리는 마음이 유독 절절하게 읽히는 이유다.

*

칸델라는 언제쯤 소년의 마음을 알아줄까? 소년도 한 번쯤 말을 걸어볼 만했지만, 말로 고백하는 대신 칸델라가 사랑하는 새 자체가 되어 행동으로 말한다. 너를 좋아한다고. '그래 그런 서툴고도 답답한 그래서 순수한 사랑도 있는 게지' 소년이 한창 측은해질 무렵 소년의 노력은 마침내 보상받는다. 드디어 칸델라의 시선이 소년에게 가 닿았다.

소년과 소녀의 시선이 얽혔을 때의 감동은 남달랐다. 둘이 처음 마주 보는 순간, 깃털 옷은 너덜너덜해져 그동안 보이지 않던 소년의 얼굴이 드러나 있었다. 소년의 진심이 드디어 칸델라의 마음에 닿았던 걸까. 칸델라는 말없이 다가와 소년의 깃털 옷을 벗겨주고 두 팔로 꼭 안아준다. 사랑하는 사람이 자신의 수고로움을 알아채고 마침내 자신에게 눈길을 준다는 건 어떤 느낌일까. 자신은 더는 새가 아니지만, 날 수 있게 됐다는 소년의 말을 통해 그 벅찬 마음을 짐작할 수 있다.

 소년은 소녀를 통해 비로소 깃털 옷에 갇힌 마음에 자유를 얻었다. 자신을 향한 시선을 알아채고 상대방의 수고와 간절함을 알아봐 준 칸델라도 기특했다. 사랑에도 시차가 있으니까. 둘의 타임라인이 돌고 돌아 잇대어져 다행이다.

*

 그림책을 통해 바스락대는 가슴에 닿으면 들불처럼 번지는 불티 같은 사랑도 있지만, 가랑비에 옷 젖듯이 서서히 스며드는 사랑도 있다는 사실을 새삼 깨닫는다.

 사랑의 형태와 방식은 이토록 다양하고, 서로 마주 보기까지는 또 얼마나 많은 우연과 필연이 필요한가. 사랑은 논리로는 설명하기 어려운 신비로운 마법의 속성을 가진다. 사랑이란, 낯선 이방인끼리 만나 서로의 세계에 반걸음씩 작은 보폭으로 발을 들여놓는 게 아닐까?

 소년과 소녀의 사랑은 메마른 중년의 삶에서 다시 느껴볼 수 없을 것 같은, 몽글거리는 사랑의 설렘을 선사했다. 때때로 그림책은 바닥난 감수성을 채워준다.

홀로서기

《나의 두발자전거》

누구에게나 처음은 있지

"재미없어! 나도 보조 바퀴 떼고 싶어!"

그림책에서 이 대목을 보자 우리 집 아이가 떠올랐다. 아이가 학교에 입학할 무렵 두발자전거를 제법 잘 타기 시작했는데 처음 보조 바퀴를 떼고 두발자전거 페달을 힘차게 밟는 현장에 없었던 것이 못내 아쉽다.

코로나19 때문에 집에만 있는 아이에게 콧바람이라도 쐬어 주라며 남편과 아이만 챙겨 내보냈다. 한 시간쯤 지나 '딩동' 알림 소리와 함께 동영상과 문자가 도착했다.

나갈 때 보조 바퀴가 달려 있던 자전거는 두발자전거가 되어 있었고, 아이가 붙잡고 있는 핸들은 흔들흔들 불안해 보였지만 자전거는 점점 앞으로 나아가고 있었다. 남편 말로는 아이가 원하는 대로 보조 바퀴를 떼 주었는데 공원을 두세 바퀴 돌자마자 두발자전거를 혼자 타기 시작했다는 것이다. 동영상 속 아이는 첫 번째보다 두 번째 영상에서 더 능숙했다. 예상보다 빨리 적응하는 아이가 마냥 신기했다. 혼자 뭔가를 해내고 자유로워 보이는 표정에 가슴이 뭉클했다.

집에 돌아온 아이의 얼굴이 얼마나 의기양양한지 세상을 다 얻은 표정이었다. 뒤이어 들어온 아빠는 피곤한 기색이 역력했다. 공원을 서너 바퀴만 돈 얼굴치곤 꽤 지쳐 보여 "얼마나 뛰었어?"라고 묻자 "몇 바퀴 안 뛰었는데 왜 이렇게 피곤하지?"라며 긴장이 막 풀린 사람처럼 피로한 모습이었다.

흔들리는 핸들로 페달을 밟는 아이 뒤를 따라 뛰어가며 남편은 무슨 생각을 했을까? 그림책 《나의 두발자전거》를 보니 남편과 아이의 두발자전거 성공기가 꼭 이랬을 것 같다는 생각에 마음이 푸근해졌다.

*

날씨가 흐려 집에서 놀던 주인공은 밖에서 노는 것이 좋겠다는 엄마의 말에 밖으로 나갔다. 그때 빨간 모자에 자전거를 탄 '하얀 뭉치'가 텅 빈 거리의 저쪽 끝에서 나타나 주인공 아이 앞을 쓱 지나간다. 아이는 자전거를 타고 뭉치를 따라간다. 하지만 보조 바퀴가 달린 네발자전거로는 뭉치처럼 빨리 달릴 수 없었다. 페달을 아무리 밟아도 뭉치를 이길 수가 없자 아이는 얼굴이 새빨개지도록 보조 바퀴를 떼고 싶다고 소리친다. 그러자 뭉치는 자전거를 만지며 잠시 덜컥거리더니 뿌드득 뿌드득거리며 보조 바퀴를 맛있게 먹고 두발자전거로 만들어준다.

아이가 시원한 바람을 가르며 두발자전거를 타는 동안 커다란 뭉치는 뒤에서 자전거를 단단히 잡아준다. 어느 순간 뭉치는 손을 슬쩍 놓는데 아이는 이상한 느낌에 뒤를 돌아보다가 넘어지고 만다. 아이가 "내 무릎!"을 외치며 엉엉 울자 뭉치는 아이를 꼭 안아주고 상처도 살뜰히 돌본다.

넘어진 김에 쉬어가라고 했던가. 뭉치와 아이는 자전거를 잠시 세워두고 잔디밭에 벌렁 드러누워 햇살 아래서 여유로운 시간을 갖는다. 두 인물의 한가로운 표정을 보노라니 정갈한 그림체에 포근한 색감까지 더해져 보는 사람마저 한가로운 기분을 느끼게 했다.

잠시 후 아이는 먼저 다시 출발하자고 말한다. 비틀비틀 넘어질 것만 같은 상황이 몇 번 반복되고, 뭉치는 아이를 따라다니느라 정신없다. 문득 아이는 뒤를 돌아보며 불안해하지 말고 앞만 보고 똑바로 달려야만 균형을 유지하고 넘어지지 않는다는 비결을 깨닫는다. 그렇게 둘은 처음보다 빠른 속도를 자유롭게 즐긴다. 그런데 삶이 그렇듯 넘어야 할 산이 또 나타났다.
 아이는 멈추는 법을 아직 배우지 못했다. 내리막길에서 속도는 붙고 아이는 자전거가 긁힐 만큼 크게 넘어졌다. 하지만 놀랍게도 옷에 묻은 흙을 툴툴 털고 씩씩하게 웃으며 일어난다. 앞서 넘어져도 다시 일어날 수 있다는 경험을 한 아이는 도전에 필수적으로 따르는 역경과 고난을 두발자전거로 체득했다. 집에 돌아가는 길에 내리는 비 따위는 이제 "괜찮아, 문제없어!"라고 말할 수 있다.

우리의 첫 두발자전거

 그림책 속의 등장인물은 아이를 포함해 셋이다. 모습은 드러내지 않고 말풍선으로만 존재하는 엄마는 집에 있는 아이에게 밖에서 노는 것이 좋겠다는 제안만 한다. 실컷 놀고 들어온 아이를 반갑게 맞아주고 뭘 하며 놀았냐고 물어보는 것이 전부다. 기다려주고 물어봐 주는 최소한의 역할로 등장하지만, 어쩌면 아이들에게 진짜 필요한 부모 모습은 이런 게 아닐까.
 또 다른 등장인물인 뭉치는 아이의 필요를 세심하게 알아채고 챙겨주는 존재다. 두발자전거에 도전하는 아이 옆을 묵묵히 지키며 필요를 채워주고 기다린다. 아이가 스스로 두발자전거를 타고 집에 돌아갈 수 있게 됐을 때 연기처럼 사라진다. 등장부터 퇴장까지 한마디도 하지 않는 뭉치의 존재는 양육자의 태도이자 낯선 도전을 앞둔 아이 곁에서 어른들이 응당 갖춰야 할 덕목으로 읽혔다.

*

  도전이 두려운 사람에게 섣부른 조언은 상처가 되기도 한다. 영혼 없는 응원은 공허한 메아리에 불과하다. 누군가에게 해줄 수 있는 가장 큰 격려는 뭉치처럼 든든하게 지켜봐 주고 기다려 주는 세심한 마음이 아닐까. 그 든든한 경험이 홀로서기의 큰 자원이 되어줄 것이다.
  눈앞의 성과가 급하고 성취의 기쁨이 기억나지 않거나, 노력이 허사가 된 것만 같고 실패가 거듭될까 두렵다면 우리의 첫 두발자전거를 떠올려보자. 그리고 이 그림책을 천천히 읽어보기 바란다. 도전하는 과정에서 겪는 고난이나 패배감도 잠시 쉬면서 숨 고르기를 한다면 일어나 극복할 수 있다는 것을 명징하게 보여준다. 안 되면 다시, 작은 걸음부터 시작하면 된다. 우리의 첫 두발자전거처럼 말이다.

환상의 힘

《피파푸피파푸!》

마술 주문을 거는 그림책

보는 즐거움이 가득한 스페인 작가의 그림책《피파푸피파푸!》는 제목만으로는 내용을 짐작할 수 없어 호기심이 발동한다. 표지 그림의 서로 꼭 닮은 아이와 엄마는 찡그린 얼굴로 마주 보며 대치 중이다. 치약을 든 아이와 칫솔을 든 엄마 사이에 흐르는 긴장감은 분명 이 닦기가 싫은 아이와 어떻게든 이를 닦게 하려는 엄마의 신경전이다.

잠들기 전 우리 집에서도 종종 펼쳐지는 풍경이니 모를 수가 없다. 아이들은 왜 이렇게 이 닦기를 싫어할까? 어쨌든 우리만 이런 실랑이를 벌이는 게 아니라 먼 외국에서도 마찬가지라는 사실이 큰 위안이 되었다. '사는 거 별로 다르지 않구나!'라는 일종의 안도감이랄까?

*

"자꾸 이 닦으라고 하면 마술을 부릴 거예요. 피파푸! 피파푸! 치약으로 변해라! 얍얍!"

이 닦기 싫은 아이가 먼저 장난기 가득한 주문을 내뱉자 엄마가 정말 치약으로 변했다. 맙소사! '피파푸! 피파푸!'는 변신 마술 주문이었다.

정작 마술을 건 아이도 놀란 눈치다. 엄마도 놀라긴 마찬가지지만, 그렇다고 이 닦기 전쟁에 승복할 엄마가 어디 있을까? 반격에 나선 엄마는 한바탕 잔소리와 함께 돼지로 변하라는 주문으로 맞선다.

이런! 아이의 얼굴은 정말 분홍색 돼지가 되어버렸다. 깔깔깔 웃는 엄마를 향해 아이는 한층 더 격앙된 목소리로 잔소리꾼이라고 외치며 새장으로 변하라는 주문을 날린다. 어떻게 되었을까? 짐작한 것이 맞다. 새장으로 변했다.

아이의 천진난만한 장난을 진심으로 맞받아쳐 주는 엄마의 재치에 저절로 웃음이 났다. 서로 너무나 진지하게 마술 주문을 날리는 것을 보면서 현실의 실랑이에 사랑과 행복이라는 조미료를 넣으면 딱 이런 풍경일 거라는 생각이 들었다. 잔소리

대신 이런 유머로 서로를 감싸 안아준다면 그것은 그것대로 얼마나 소중할까?

아이들의 이 닦기를 우리가 언제까지나 해줄 수는 없을 텐데 피곤함과 분주함에 치여 그 소중한 시간을 잊곤 한다.

그림책이 품은 환상 매직

그림책이 품은 환상은 현실을 비춰주는 거울이다. 논픽션 그림책에서 명징한 메시지를 얻을 수 있다면, 환상이 가미된 그림책을 통해서는 일상을 비춰보고 이를 통해 재미와 통찰을 얻을 수 있다. 환상을 통한 유머는 일상의 고단함에 위안이 되어주고 지친 마음을 회복시키는 힘이 있다.

가로로 판형이 긴 그림책은 집안 배경을 고스란히 보여준다. 주방 곳곳에 아이의 장난감이 널브러져 있고 냄비 위로 김이 모락모락 오르는 것을 보니 분명히 가스레인지가 켜진 상태다. 뒷장으로 넘어갈수록 냄비에서 뿜어져 나오는 색색의 연기로 집 안이 채워지고 모자의 마술 주문 배틀은 정점을 향해 달린다.

읽는 사람들은 다음에 어떤 장면이 펼쳐질지 조마조마한 마음으로 그림책에 쏙 빠져든다. 마술 주문을 주고받는 동안 고양이는 싱크대 위로 올라가고 급기야 그릇까지 깨뜨린다. 오늘 안에 과연 이 닭기에 성공할 수 있을까?

*

서사를 따라 그림책을 휘리릭 넘겨보았다면 다음에는 천천히 주변 상황을 관찰해볼 것을 권한다. 아이와 엄마가 마술 주문을 외치며 실랑이를 시작할 때 또 다른 인물이 등장하기 때문이다. 창밖에 한 남자가 보인다. 장 본 비닐백을 들고 들어오니 아빠일 터다.

재미있는 지점은 둘에게 점점 가까이 다가오던 아빠가 필사적인 싸움을 목격하고 보인 행동이다. 들킬세라 조용히 방문을 닫는 모습이라니! 문득 지인의 고백이 떠올랐다.

어느 날 바닥난 체력을 긁어모아 서둘러 퇴근해 집 현관문을 열었는데, 아내와 아이들의 전쟁이 미처 끝나지 않은 상태였다고 한다. 분명히 아내가 버거워하는 모습을 보았음에도 자신도 모르게 조용히 현관문을 닫게 되었다는 이야기다. 지인은 그때 살고 싶은 본능이 이성을 지배했다는 우스갯소리를 했다.

그만큼 아이 양육에 소모되는 정신적, 육체적 에너지가 크다는 뜻이다. 육아의 고단함에 대해 우리 모두는 알고 있다. 그래서 그림책 속 아이도 엄마도 아빠도 충분히 이해할 수 있다. 공감을 통한 재미는 이런 지점에서 탄생한다.

플레이 모빌 애호가라면 그림책을 보는 재미가 더 쏠쏠할 수 있다. 아이가 어질러놓은 장난감 속에서 독일 미니 피규어 클릭키가 등장한다. 피규어의 움직임을 따라 그림책을 다르게 읽는 재미도 상당하다. 미처 소장하지 못한 컬렉션이라면 통장을 '텅장'으로 만들지도 모르니 주의를 당부한다.

밥벌이라는 일상의 아름다움

《밥·춤》

삶을 향한 진심

 사람이 아름다워 보일 때가 있다. 뭔가에 몰입해 반짝반짝 빛날 때다. 그러면 그 대상이 갑자기 미더워진다. 몰입의 아름다움이 절로 배어 나오는 사람은 뭘 하든 진국일 것 같다. 그림책 《밥·춤》에 그 아름답고 미더운 사람들이 잔뜩 등장한다. 이 그림책은 좀처럼 어울리지 않는 두 단어를 제목으로 내세워 관심을 끌었다.

 밥과 춤? 끼니와 예술의 영역이 선뜻 교집합으로 해석되지 않았다. 그래서 더 신선했고 어떤 이야기를 풀어낼지 궁금했다. 다행히 제목의 신선함만큼 내용도 남달랐다. 그림책은 일하는 여성들의 순간을 포착해 그림으로 표현했는데 서사라고 할 만한 이야기가 전면에 드러나진 않았지만 그림만으로도 작가의 의도를 충분히 이해할 수 있었다.

*

 한 손에 다리미를 든 채 다른 한 손의 장대로 천장 높이 걸려 있는 옷을 단번에 낚아채는 세탁소 아줌마에게는 능숙함이 풍겼다. 몸빼바지의 야채 장수 아줌마가 대파를 날렵하게 휘둘러 검은 봉투에 담으려는 모습에서는 진지함이 읽혔다. 서류 봉투를 든 채 팔다리를 양옆으로 휙휙 뻗는 퀵서비스 기사의 모습에서는 무대 위 발레리나의 역동성이 느껴지는 것만 같았다. 하나같이 진지한 등장인물들의 자태는 마치 춤을 추는 듯했다. 그들에게서 삶을 향한 진심이 보였다.
 어떤 여성은 거리를 청소하고 어떤 여성은 건물 유리창을 닦는다. 공사장에서 질통에 무거운 모래를 가득 담아 짊어지고 나르는 여성도 있다. 이 밖에도 드릴로 천장을 뚫는 작업복 차림의 여성, 목욕탕에서 당당히 때를 미는 세신사, 묵직해 보이는 박스들을 너끈히 들고 계단을 오르는 택배기사, 교통경찰관, 주부까지 그림책 속의 등장인물들은 자신의 자리에서 최선을 다해 밥벌이에 힘쓰는 여성들이다.
 일하는 여성들의 모습을 춤사위로 표현한 작가의 신박한 아이디어에 매료되고 매서운 눈썰미에 감탄했다. 직업의 특장점을 순간에 담아내는 것은 얼마나 어려운 작업인가? 순간을 기록하고자 했다면 충분히 성공적이다. 한편, 성별로 직업을 구분 짓지 않았다는 점도 눈여겨볼 만하다.

또 다른 특이점은 일하는 여성들을 무척 볼륨감 있게 표현했다는 것이다. 특히 넉넉한 팔뚝과 다리는 남성의 우람한 신체에 견주어도 뒤지지 않는다. 이 지점에서 당혹감을 느낄지도 모른다. 만약 그림책을 보면서 '어머나 이 팔다리 좀 봐. 아니 작가님은 왜 이렇게 그렸지?'라고 생각했다면, 우리는 이미 여성에 대한 편파적인 프레임을 가진 셈이다.

아니, 팔다리가 좀 굵으면 어때서? 사실은 나도 그제야 등장인물 모두가 여자라는 사실을 알았다. 내게도 '여자란 ~해야 한다'는 촌스러운 통념이 있었구나 싶어 당황스러웠던 순간이자 감춰진 내면의 편견과 눈 맞춤하는 경험이었다. 어쨌든 우람한 팔뚝과 허벅지에 역동적인 동작이 더해지고 사뭇 진지한 표정까지 어우러져 그들이 자기 일을 얼마나 자부심 있게 하는지 느껴졌다.

저 팔다리 덕분에 우리가 깨끗한 거리를 걷고 투명한 유리창으로 밖을 바라보고 맛있는 음식을 맛보고 개운한 몸으로 목욕탕을 나서지 않았던가. 필수노동자, 그들의 성실에 기대어 우리는 편리와 행복을 누렸다. 생각이 어느새 거기까지 미치니 그림책 속 여성들이 더는 종이에 박제된 그림이 아닌 나와 주변부 인물들로 새롭게 해석됐다.

*

세신사의 모습이 유독 기억에 남는다. 위아래 속옷을 입은 채 양손에 초록색 이태리타월을 끼고 마치 무술을 하는 듯한 여인의 자태가 사뭇 당당하다. 게다가 공중에 흩날리는 회색 물체가 있으니 바로 '때'다.

아! 이 유머 어쩌나? 스페인 속담에 '사랑을 검으로, 유머를 방패로'라는 말이 있다. 정인하의 그림에는 대상을 향한 사랑과 이를 예술적 유희로 만드는 유머가 있다. 이 장면에 이르러서야 《밥·춤》이 왜 그렇게 의미 있는 그림책이었는지, 그림책 속의 모든 인물이 왜 아름다워 보였는지 알게 되었다.

몰입의 아름다움 때문만은 아니었다. 가장 밑에 자리한 일과 삶에 대한 진중함과 자부심이 곳곳에 담겨 있어서다. 밥벌이에는 고단함이 기본값으로 전제된다. 밥벌이의 지겨움은 또 어떤가? 그런데도 책 속 여성들에게서 고단함이나 지겨움보다는 몸짓 하나하나에 퍼덕이는 생명력이 느껴졌다. 능숙함에서 풍기는 자부심 외에도 셀 수 없을 만큼의 반복을 통해서만 갖출 수 있는 초연함까지 있었다.

그림책은 그동안 그들이 걸어왔을 삶과 청춘을 생각하게 하고 드러내지 않은 이야기를 상상하도록 만들었다. 먹고사는 것이 힘들고 내가 하는 일이 하찮게 여겨질 때 자주 만나면 좋을 그림책이다. '밥벌이의 고단함'이라는 짜인 틀 밖에 '밥벌이의 아름다움'이라는 새로운 말을 세울 수 있어 마음이 따뜻해지고 참 행복하다.

삶의 돌풍을 마주하는 태도
《오필리아의 그림자 극장》

선택, 선택, 선택

몽환적인 그림에 푹 빠져 있던 10년 전을 기억한다.

《오필리아의 그림자 극장》은 아동문학을 공부할 때 알게 된 그림책이다. 한 문학평론가 선생님이 옛이야기에 관심이 많던 내게 임정자 작가님의 작품과 함께 추천해주셨다. 최근의 그림책과는 확연히 분위기가 다른데 글자의 압박을 느낄 정도로 글밥이 많다. 국내 출간 이후 아동극으로도 각색되어 무대에 종종 올랐으니 아이들은 연극으로 더 익숙한 내용이다.

 오필리아는 극장에서 대사를 불러주는 프롬프터 일을 했다. 《햄릿》의 연인과 동명인 이름에는 훌륭한 연극배우가 되길 바라는 부모님의 마음이 담겨 있다. 하지만 오필리아의 목소리는 이상하리만큼 작았다. 그녀가 할 수 있는 일은 무대 밑 작은 상자에서 대사를 읽어주는 정도였다. 오필리아는 아무리 보잘것없는 일이라도 연극 관련 일을 꼭 하고 싶었기에 평생을 작은 공간에서 대사 읽어주는 일을 했다. 연극배우가 아닌 다른 일을 했던 그녀는 행복했을까.

 그림책의 첫 장면은 인상 좋은 노부인이 안경을 쓴 채 몸 하나 들어가기도 버거운 작은 창 안에 들어가 있는 모습이다. 오필리아다. 글 작가 미하엘 엔데와 그림작가 프리드리히 헤헬만은 '오필리아'를 주름 가득한 할머니로 재해석했다. 오필리아의 주름이라니 한 번도 상상하지 못한 일이다. '비련의 대명사이자 아름답고 순수하게 그려진 햄릿의 오필리아가 늙으면 이런 모습일까?' 잠시 상상했다.

 몽환적인 그림 덕분에 오필리아의 표정은 슬픈지 기쁜지 가늠하기 어려웠지만 한 가지 분명히 느껴지는 것은 '여유'였다. 한 시절을 신념으로 버틴 사람만이 풍길 수 있는 특유의 아우라. 이 첫 장면이 남긴 잔상은 10년 전이나 지금이나 진하다. 주름을 너무나 사실적으로 표현해 이름과 좀처럼 어울리지 않는 느낌이었지만 어쩐지 그 모습에는 기품이 있었다. 자신의 선택에 대한 확신이 분명히 있었으리라. 그림을 통해 오필리아가 대사를 읽어주는 일을 평생 정말 행복하게 해왔다고 믿게 되었다.

삶의 돌풍을 맞이했을 때

　시절은 변하고 오필리아가 몸담았던 극장도 영화관과 TV에 밀려 문을 닫게 되었다. 마지막 공연이 끝난 후 오필리아가 텅 빈 극장에 남아 지난날을 회상하고 있을 때 주인 없이 방황하는 그림자 '장난꾼'과 마주쳤다. 놀람도 잠시, 오필리아는 주인이 없어 슬퍼하는 장난꾼 그림자를 자신의 그림자로 받아준다. 그러자 어디선가 또 다른 그림자 '무서운 어둠'이 나타났다. 오필리아는 그에게도 자리를 내준다.
　그때부터 날마다 주인 없는 그림자들이 오필리아를 찾아왔다. 외로움, 밤 앓이, 힘없음, 덧없음…. 기쁨이나 환희와 같은 그림자는 없다. 하나같이 어두운 분위기의 그림자들이다. 그런데도 오필리아는 다정한 목소리로 이름을 묻고 기꺼이 주인이 되어준다. 오필리아가 그림자를 받아들인 것은 무슨 의미일까?

＊

칼 구스타브 융의 분석심리학에서 바라보는 '그림자(shadow)'는 우리가 가진 또 다른 자기 모습이다. 그림자는 한 사람이 가진 성격의 양면성으로 자신의 어두운 모습이나 이루지 못하는 욕망을 상징한다. 이런 맥락에서 짐작하면 그림자들은 오필리아가 이루지 못한 욕망이자 노년이 되어서야 비로소 수용할 수 있는 감정과 삶의 가치들일 것이다.

그런데 오필리아에게 문제가 생겼다. 수많은 그림자가 오필리아와 함께한 후 사람들은 그녀에게 뭔가 심상치 않은 일이 벌어지고 있다고 생각했다.

오필리아가 제정신이 아니라고 쑥덕거렸고, 집주인은 집세를 높게 올려 받겠다며 노골적으로 오필리아가 떠나길 바랐다. 결국 살던 집마저 잃어야 하는 상황. 오필리아는 짐 가방 하나만 들고 살던 곳을 떠난다. 다시 닥친 삶의 돌풍을 그녀는 어떻게 이겨낼까?

할머니 혼자 정처 없이 떠난 삶이 고단할 거라는 예상은 빗나갔다. 막막한 현실과 달리 길 떠나는 오필리아의 얼굴에는 잔잔한 미소가 흐른다. 심지어 홀가분해 보이기까지 한다. 오히려 수많은 그림자가 오필리아를 지키기 위해 머리를 맞댔다. 그동안 오필리아에게서 배운 희극과 비극의 대사를 사용해 마을을 다니며 그림자 공연을 열었고 꽤 유명해졌다.

오필리아는 뒤에 앉아 작은 목소리로 대사를 읽어주며 그림자들을 도왔다. 얼마 후 오필리아는 낡은 자동차 한 대를 살 수 있었고 '오필리아의 그림자 극장'이라는 글씨를 써넣은 자동차를 몰고 넓은 세상을 두루 돌아다녔다. 그러던 어느 날, 오필리아와 그림자들은 눈보라 한가운데 갇히고 말았다. 그때 어떤 그림자보다 훨씬 어둡고 어마어마하게 큰 그림자가 불쑥 나타났다. 아무도 원치 않는 그림자였다.

오필리아는 그 그림자에게도 자리를 내줄 작정이었다. 그런데 그 그림자는 자신의 이름을 아느냐고 물었다. 그림자의 이름은 누구에게나 찾아오는 '죽음'이었다. 오필리아는 죽음마저 품기로 했다. 그 후로 펼쳐진 환상적인 풍광은 엔딩의 백미다.

*

《오필리아의 그림자 극장》은 내 인생의 그림책 《100만 번 산 고양이》와 어깨를 견줄 만큼 개인적으로 의미가 큰 작품이다. 한겨울 밤 오들오들 추위에 떨다가 길에서 만난 어묵 국물과 같은 존재라고나 할까?

오필리아의 이야기는 뜨끈하고 짭조름한 국물이 온몸에 온기를 전해주는 느낌과 닮았다. 오필리아는 자신이 선택한 삶을 끝까지 소중히 대했다. 꿈꾸고 살아내고 열정을 다했고 삶의 돌풍을 만났을 때조차 의연했다. 나의 사랑스러운 오필리아!

그녀는 죽음까지 품어내며 자기 몫의 삶을 기꺼이 감당했다. 꿈, 열정, 삶을 대하는 태도, 모든 순간의 선택, 찬란한 죽음까지 어느 한 지점도 소홀하지 않았던 한 사람의 인생은 우리가 살아가며 느끼는 허기를 다양한 감성과 사유로 채워냈다. 그림책이 주는 감동은 인생을 전심으로 살아가는 모든 사람에게 유효하다.

준 의 이야기

나의 행복추구권

피튜니아에게 배운 초심

우리는 하나의 소우주

상상만으로도 황홀한 그 장면

행복을 선택하고 싶은 그대에게

살고 싶은 우리 집

나의 행복추구권

《중요한 문제》

노년의 청사진

10년 또는 20년 후, 나의 모습에 대해 생각해본다. 장래희망으로 그럴듯한 직업들을 나열하던 총천연색의 십 대 때의 마음가짐과는 사뭇 다르다. 인생의 중턱에서 숨을 한번 고르고 있기 때문일까? 지금부터라도 삶이 소박하고 소탈하길 바란다.

이번 생애는 죽었다 깨어나도 할 수 없을 것 같은 '미니멀 라이프'처럼 딱 나다운 것만 가지고 단순하게 살았으면 좋겠다.

그림책 덕분에 '가장 나다운 것'이 무엇인지를 찾아가고 있으니 그 일이 꼭 불가능하지는 않을 것이다. 하지만 그림책에는 닮고 싶고, 하고 싶고, 알고 싶은 것들이 무궁무진하다. 은근히 속물근성을 부추기며 행복한 고민에 빠지지만 남은 날을 나답게 살기 위해서는 꼭 필요한 것만 취사선택하면 된다. 그 결정을 위한 기준을 바로 세우는 것이 어쩌면 그림책을 통해 내가 터득해야 할 일인지도 모르겠다.

만만치 않은 문제해결 과정

　나뭇잎처럼 우수수 떨어진 머리카락. 처음 보는 순간 바로 직감하는 두 글자, 탈모다! 조원희의 그림책 《중요한 문제》에는 500원짜리 동전 크기의 탈모 자국 때문에 병원을 찾은 네모 씨가 등장한다. 브로콜리처럼 머리숱이 풍성한, 심지어 팔뚝에도 제법 두꺼운 털이 숭숭 돋은 의사는 그에게 약 처방과 함께 숨 막히는 주의사항까지 요목조목 알려주며 신신당부한다. 스트레스를 받으면 안 된다고!
　네모 씨는 철저한 '금욕 모드'에 돌입한다. 자신이 좋아하는 운동은 포기한다. 뜨거운 물에 몸을 담근 후 들이키는 시원한 맥주 한잔의 짜릿함도 당분간 안녕이다. 반려견 자니윤의 보드라운 촉감도 소중한 머리털이 자랄 때까지는 만질 수 없다. 탈모에 도움이 되는 음식들로 식단을 싹 바꾼다. 극기에 가까운 생활을 해나가는 네모 씨, 과연 그의 탈모 증상은 개선되었을까?

분명한 것은 네모 씨 얼굴에서 점점 웃음이 사라지고 자신도 모르게 예민하고 까칠해졌다는 사실이다. 탈모 치료 하나를 위해 일상을 규제하고 절제하다 보니 스트레스가 이만저만이 아닌 탓이었다. 결국 네모 씨는 "이 모든 것이 스트레스일 뿐, 아무 소용이 없었다"라고 씁쓸하게 고백한다.

그날 저녁, 네모 씨는 뜨거운 물에 목욕하며 오랜만에 잊고 있었던 편안함을 누린다. 자연스럽게 시원한 맥주 생각에 웃음이 났고 이어서 자신이 좋아하는 것들, 너무 좋아한 나머지 당연하게 해왔던 것들이 떠올랐다. 이튿날, 네모 씨는 거울 앞에서 남아 있던 머리카락들을 모두 밀어버렸다.

*

자신의 행복을 위한 네모 씨의 선택은 파격적이었다. 하지만 그의 선택은 곧 걱정으로부터의 해방과 스트레스로부터의 자유를 가져다주었다. 네모 씨의 '과감한 결단력'은 향후 나의 행복한 노후를 위해 가장 먼저 터득되어야 할 목록 1호가 되었다. 은근 결정장애증후군이 있는 나는 어떤 사안 앞에서 고민을 많이 한다. 문제 해결을 위해 장단점을 분석하고 대안을 생각하다 보니 결정까지 시간이 오래 걸리는 편이다. 여기에 선택의 효율성과 합리적인 판단을 빌미로 전문가의 조언이나 검증된 후기, 과학적 데이터 등까지 고려하다 보면 귀뿐 아니라 마음까지 팔랑이기 일쑤다. 문제 해결을 위해 필요했던 참고 사항에 휘둘려 누군가에 의해 삶이 좌지우지되는 부작용이 생기고 만다.

*

   수십 년 후, 단출하고 단순한 삶을 살고 싶은 나에게 네모 씨는 '남이 아닌 내가 행복한 것을 추구하라'고 일러주는 것 같다. 알 수 없는 인생에서 또다시 갈등하는 순간이 찾아온다면, 나는 그의 결단력과 그 이후의 모습을 기억할 것이다. 반들반들한 민머리의 시원함과 대머리독수리라고 놀림을 받아도 위트 있게 받아넘기는 유유자적한 네모 씨의 태도를. 자신이 진정으로 바라는 행복을 선택한 후 자유로웠던 네모 씨의 표정을 미래의 내 얼굴에서도 만나보길 소망한다.

피튜니아에게 배운 초심

《피튜니아, 공부를 시작하다》

우리 아내가 달라졌어요

최근 남편은 예민하고 까칠한 나의 태도가 많이 달라졌다고 했다. 마치 압력밥솥의 추가 씩씩거리며 맹렬하게 돌아가다가 한차례 김을 내보낸 후 부드럽게 뜸이 드는 것 같단다.

이런 변화 뒤에는 그림책이 있었다. 게다가 그림책 덕분에 삶의 한 부분을 함께 나누는 좋은 벗들을 만나 이야기를 나누며 위로받으니 그림책의 존재가 더욱 특별할 수밖에 없다.

하지만 방심은 금물이다. 아무리 그림책을 좋아한들 꾸준히 공부하지 않으면 제대로 볼 수도 나눌 수도 없기 때문이다. 게다가 주변 사람에 대한 예의를 놓치면 그 관계를 오래 유지하기 어렵다. 그림책도 배움이다. 순례자처럼 이 사실을 마음에 품고 나는 겸손하게 그림책을 내 삶의 한편으로 가져와본다.

내 안에도 피튜니아가 있다!

평소 어수룩한 행동으로 맹추라 놀림 당하는 암거위가 있다. 그녀의 이름은 피튜니아. 어느 날 풀밭에서 책 한 권을 발견한 그녀는 목장 주인의 말이 떠오른다.
"책을 지니고 있고 책을 사랑하는 사람은 지혜롭다."
그날 이후, 그녀는 책을 날개 밑에 품고 다니며 애지중지한다. 날개에 품고 다녀도 읽지 않고서야 지식을 습득할 수 없지만, 피튜니아는 자신이 지혜로워진 줄 알고 목까지 점점 늘여 빼고 다니며 으스댄다. 3단 우산처럼 목이 단계적으로 길어지는 그녀의 우스꽝스러운 모습이란!
수탉을 비롯한 목장 동물들도 책을 들고 다니는 피튜니아를 보며 이제 맹추라고 놀리지 않는다. 그녀가 지혜로워졌다고 믿었기에 자신들의 대소사에 피튜니아의 의견을 묻는다. 하지만 그녀의 대답은 너무 엉뚱하고 말도 안 되는 것들이었다. 오히려 문제의 당사자들을 더 괴롭게 하거나 힘들게 하거나 다치게 하고 만다. 특히 폭죽 상자에 적혀 있는 '취급주의'를 '사탕'이라고 잘못 읽는 바람에 피튜니아는 자신은 물론 친구들의 목숨까지 위태롭게 만든다.

*

무지와 무식을 기반으로 하는 신념이 더 무서운 법이다. 자신이 안다고 착각하는 사람들의 언행이 가진 위험성을 생각하며 나는 피튜니아의 무지몽매한 태도를 신랄하게 꼬집어주고 싶었다. 그런데 그녀의 긴 목을 보는 순간, 내 목도 겸연쩍게 쓸어보는 이유는 무엇일까? 사실 내 안에도 목을 길게 내뺀 채 박식한 척하며 인정받고 싶어 하는 그녀가 있었던 것이다.

그림책을 보고 그 세계를 동경하게 됐다. 하지만 나 역시 피튜니아처럼 그림책을 품기만 했던 적이 매우 많았다. 깊이 빠지지 못하고 수박 겉핥기식으로 보고 읽었다고 착각하기도 했다. 어설픈 지식은 그 누구에게도 도움이 될 수 없다는 걸 알면서도 그림책 세계를 더 빨리 알아가고 싶은 나머지 조급증을 냈던 것이다. 지혜를 향한 피튜니아의 무지한 태도를 꼬집으려다가 그만 그녀와 내 안의 피튜니아가 정면충돌하고 말았다.

*

폭죽 상자 폭발 사건 이후, 피튜니아는 자신이 조금도 지혜롭지 않다는 사실을 인정한다. 지혜롭다면 친구들을 도와 행복하게 해줄 수 있어야 한다고, 지혜는 날개 밑이 아닌 머리와 마음속에 넣어야 한다고 깨닫는다. 그리스 철학자 소크라테스가 '너 자신을 알라'고 말했지만 세상에서 제일 알기 어려운 존재가 바로 나 아니던가? 그런 의미에서 피튜니아는 이제야 비로소 제대로 자신을 알기 시작했고 진정한 배움에 첫발을 내딛기 시작한 것이다.

지혜로워지기 위해 책을 품는 것이 아니라 읽어야 한다는 것을 알게 된 피튜니아, 이제 그녀의 날개에는 'ABC 알파벳' 책이 들려 있다.

그림책으로 나와 타인, 그리고 세상을 바라보려는 지금, 피튜니아는 나에게 배움의 초심이 무엇인가를 생각하게 한다. 욕심이 아닌 진심으로 그림책을 대하고 겸손하게 즐겁게 사람들과 나누었던 이야기들, 그 안에서 나를 발견하고 깨달아간 순간이 오늘의 나를 있게 했다. 나는 그 배움에 감사하며, 그림책을 통해 배우는 것들을 누군가에게 돌려주는 피튜니아가 되고 싶다.

우리는 하나의 소우주

《돌 씹어 먹는 아이》

페르소나 앨범에는

2019년 한 아이돌 그룹의 앨범이 눈에 들어왔다. 지금은 글로벌 가수로 발돋움한 BTS의 〈맵 오브 더 소울: 페르소나(MAP OF THE SOUL: PERSONA)〉'였다. 대중가수의 앨범 제목이 칼 구스타브 융의 이론을 정리한 이론서《융의 영혼의 지도》와 같은 이름이라니! 일종의 마케팅일까 싶었지만 BTS는 이 앨범에 수록된 노래를 통해 자아, 집단 무의식, 개인 무의식, 페르소나 등을 긍정적이고 건강하게 풀어냈다고 평가받았다.

중·고등학생 시절, HOT를 좋아했던 소녀는 이젠 아이돌의 얼굴은커녕 이름조차 외우지 못하는 아줌마가 됐다. 하지만 호기심을 동력 삼아 열심히 BTS의 노래를 들으며 그들의 이름과 얼굴을 외워 나갔다. 특히 페르소나 앨범에 담긴 7개의 곡 중 나는 〈소우주〉를 애정하게 되었다. 노래가 담고 있는 메시지 때문일까? 그림책과도 묘하게 잘 어울리는 이 곡은 나만의 플레이리스트에 저장되었다.

돌 씹어 먹는 아이가 가르쳐준 것

송미경의 그림책 《돌 씹어 먹는 아이》는 〈소우주〉와 잘 어울리는 작품이다. 제목부터 미스터리한 분위기를 풍기는 이 작품에는 밥보다 돌을 좋아하는 아이가 등장한다. 돌을 좋아하는 정도가 덕질을 넘어 즐겨 먹는 괴기한 수준이다. 돌마다 가진 향과 맛을 느끼는 아이는 차츰 주변에 먹을 만한 돌이 없어지자 전봇대까지 갉아 먹는다. 하지만 이것은 진짜 돌이 아닌 콘크리트일 뿐. 그는 진짜 돌을 먹고 싶다고 절규한다.

*

읽는 이의 시선에 따라 돌은 아이의 그림자 혹은 장애 등으로 해석된다. 하지만 돌을 '먹는다'고 표현한 만큼 돌은 아이의 생명과 직결되는 문제라는 것을 짐작할 수 있다. 어쩌면 돌은 '아이의 존재' 자체를 대변하는 상징이 아닐까? 즉 세상에 태어나면서부터 가지고 있는 개인의 특징인 동시에 마땅히 존중받아야 할 인격이나 성향, 정체성 등이 '돌'로 표현된 것처럼 보인다. 그래서일까? 아이의 절규에서 삶에 대한 절박함마저 전해진다.

먹을 만한 돌이 없자, 아이는 여행을 떠난다. 그리고 어느 돌산에 이르러 자신의 반짝이는 이를 보고 '돌 씹어 먹는' 것을 단박에 알아차린 할아버지를 만난다. 난생처음으로 자신을 알아봐주는 누군가를 만난 것이다. 게다가 이곳에는 자신처럼 돌을 씹어 먹는 아이들도 있었다. 꿈인지 생시인지 모를 자유롭고 행복한 시간을 보내며 아이는 할아버지에게 묻는다.

"계속 돌을 먹어도 괜찮을까요?"

할아버지는 대답했다.

"그럼! 넌 돌 씹어 먹는 아인걸."

이후 아이는 큰 결심을 한다.

아이는 돌산을 내려와 집으로 돌아온다. 그리고 그동안 말할 수 없었던 비밀을 가족들에게 공개한다. 나는 "돌 씹어 먹어요"라고.

*

아이는 누구보다 잘 알고 있었다. 돌을 씹어 먹는 자신의 행동이 남들의 기준에서 이해 불가의 행동이라는 것을 말이다. 가족들조차 아이가 돌을 먹는 줄 몰랐다는 사실에 비춰보면 아이는 자신의 행동을 철저히 숨겨왔던 모양이다. 하지만 아이는 더는 자신을 부끄러워하지 않는다. 자신이 누구인지 분명히 깨달은 그에 비하면 나는 너무 비겁했다.

나에게도 '돌'이 존재한다. 하지만 남들의 시선과 판단을 의식한 나머지 나 자신을 계속 바꾸거나 포기하며 살았다. 진지하게 내가 어떤 사람인지를 고민하기보다 얄팍하게 남들이 원하는 사람이 되기를 바라왔다. 특히 나보다 타인의 인정과 수용이 중요했기에 지금까지 스스로를 기만하며 살 수 있었다. 돌 씹어 먹는 아이의 커밍아웃은 그런 내 마음에 꽤 묵직한 돌 하나를 던지며 큰 파장을 일으켰다.

하지만 그림책은 여기서 멈추지 않는다. 아이의 고백을 들은 후 가족이 보이는 반응은 더욱 놀랍기만 하다. 경악과 걱정, 놀람과 탄식 대신 그들은 지금까지 가슴에 안고 살았던 자신의 비밀을 하나씩 털어놓는다. 그날 밤 이 가족은 몸이 둥둥 떠오를 만큼 아주 많은 눈물을 쏟아냈다.

*

그림책의 마지막은 돌 씹어 먹는 아이와 가족이 계곡으로 소풍을 가는 장면으로 끝난다. 당당하게 각자 자신들이 먹을 돌, 흙, 못, 지우개를 일급 레스토랑의 요리처럼 들고 이동하는 모습이 위풍당당하고 인상적이다. 자신처럼 비밀을 간직하고 있던 가족들과 소풍을 즐기는 아이의 표정에서 자유와 기쁨을 엿볼 수 있다. 누군가의 평가와 기준이 아닌 나 자신에 대한 사랑과 용기, 이것은 돌 씹어 먹는 아이가 내게 가르쳐 준 단단한 교훈이었다.

*

  돌 씹어 먹는 아이는 '있는 그대로의 자신'을 사랑할 줄 알게 되었다. 그 사랑 덕분에 아이의 가족도 변화되었고, 나도 달라질 수 있겠다는 희망을 품어본다.
  남은 삶을 사는 동안, 나는 지금 이대로의 나를 사랑할 수 있을까? 그리고 나와 같은 타인을 포용하며 그들을 위해 함께 울어줄 수 있는 사람이 될 수 있을까? 아직 용기가 부족한 나의 바람을 격려해주듯 〈소우주〉의 한 소절이 나의 마음에 맴돈다.

  넌 누구보다 밝게 빛나 One
  어쩜 이 밤의 표정이 이토록 또 아름다운 건
  저 어둠도 달빛도 아닌 우리 때문일 거야

상상만으로도 황홀한 그 장면

《헤엄치는 집》

물에 대한 공포가 질투로

고등학교 1학년 때 극장에서 영화 〈타이타닉〉을 보았다. 지금도 웰메이드(well-made) 작품으로 회자되는 이 영화를 나는 여느 사람들과 달리 '공포물'로 기억한다.

스크린 속에서 육중한 타이타닉호가 바다로 침몰하는 동안, 나는 관람석에서 타이타닉의 또 다른 탑승객이 되어 죽음에 대한 공포감에 압도되고 말았기 때문이다. 어릴 적 바닷가에서 파도에 휩쓸리는 사고를 당한 후, 물에 대한 공포가 심했던 나는 영화 후반부를 거의 보지 못했다.

*

　최덕규의 그림책 《헤엄치는 집》을 처음 보았을 때 몸이 반사적으로 움찔했던 이유도 같은 맥락이다. 하지만 실제 바다가 아닌 그림책 표지여서였을까? 아쿠아 빛 물속에서 물안경을 쓰고 있는 소년의 큼지막한 얼굴이 유난히 편안해 보였다.
　문득 일평생 제대로 들여다보지 못한 바닷속 세상은 어떤 풍경이고 어떤 느낌일지 궁금해졌다. 그리고 물속에 있는 소년에게 이유 모를 질투를 느꼈다.

반짝이는 여름이와 대왕고래

　책을 펼치니 익숙한 단어들이 눈에 꽂힌다. 수영팬티 패션을 선보이며 엄마와 아빠를 줄기차게 불러대는 주인공 최여름의 목소리다. 딱 봐도 개구쟁이 포스가 철철 넘치는 이 녀석은 혼자 노는 것이 심심한지 부모님께 놀아달라고 시위 중이다. 하지만 엄마 아빠는 공사다망하신지라 아이의 요구를 들어줄 수 없다. 그 모습이 우리 집 사정과 너무 똑같은 나머지 그림책 작가가 우리 집에 왔다 간 것만 같다.
　하지만 아이들은 심심할수록 혀를 내두르게 하는 아이디어로 창조성을 발휘하지 않던가? 여름이는 욕실에 '물바다'를 만든다. 욕조에 물이 점점 차오르자 물안경을 쓴 아이는 그대로 잠수를 개시한다. 그런데 다음 장에서 펼쳐지는 장면이 푸른 바닷속이었다! 아니, 자세히 보니 물에 잠긴 집 안이었다! 유치하게 나의 질투를 불러왔던 그림책 표지의 그 모습 그대로 여름이는 나에게 외쳤다.

"자, 출발!"

*

마우스와 주전자가 춤을 추듯 헤엄치는 바닷속으로 여름이를 따라나선다. 아이는 말 그대로 '물 만난 물고기'처럼 자유롭고 즐겁다. 샤워기와 변기에서 쏟아져 나오는 바다 생물들과 장난치며 익살스럽게 노는 표정이 영락없는 아이다. 욕조는 여름이의 상상력에 힘입어 생명력 넘치는 바다가 되었다.

아이는 이곳에 대왕고래까지 등장시킨다. '하늘이 된 바다' 위로 대왕고래와 나는 듯 헤엄치는 여름이의 모습은 해양 탐사 프로그램의 한 장면처럼 아름답고 황홀하기까지 하다. 물이 두렵다는 사실마저 잊고 나는 어느새 그 황홀경에 푹 빠져버렸다.

잠시 후, 여름이는 참았던 숨을 내뱉으며 욕조 밖으로 얼굴을 내민다. 그러자 바다는 순식간에 사라지고 엉망진창이 된 욕실만 남는다. 상상의 세계가 사라지고 현실의 세계로 돌아온 것이다.

엄마의 잔소리를 피할 수 없었지만 여름이는 싱긋 웃어 보였다. 잔망스러운 그 웃음을 보자니 왠지 또다시 '물바다'에 가고 싶어졌다. 어디에서 나온 배짱인지 물쯤이야 아무것도 아니라는 생각에 나도 욕실로 달려가 세면대에 물을 가득 받았다. 침을 꿀꺽 삼킨 후, 얼굴을 푹 담갔다. 차가운 물 표면이 그대로 와 닿자 말초신경에서부터 두려움이 축축하게 번져온다.

눈을 더 질끈 감고 여름이와 고래의 황홀경을 떠올렸다. 물속으로 투과되는 햇살에 여름이와 대왕고래가 반짝인다. 그들이 내 곁으로 헤엄쳐온다. 마음이 평온해진다.

*

메타버스와 같은 가상세계로 상상력이 환승하는 21세기, 진짜보다 더 진짜 같은 세계를 구현해내는 디지털 기기가 우리 주변에 즐비하다. 그 틈에서 그림책 속 상상의 바다는 내게 강렬한 이미지로 각인되었으며, 여름이는 물 공포증을 물리쳐준 나의 피터팬이 되었다.

여름이 덕분에 물에 대한 공포를 조금이나마 떨칠 수 있었다. 그림책 속 주인공이지만 그가 보여준 상상력은 현실의 나를 바꾸어놓을 만큼 힘이 셌다. 이런 상상력은 앞으로 나를 또 어떻게 매료시킬까? 오늘도 그 기대감이 나를 그림책 앞으로 이끈다.

행복을 선택하고 싶은 그대에게

《버찌 잼 토스트》

오로라는 포기할 수 없어!

    오로라는 나의 버킷리스트다. 오로라 포인트도 캐나다 옐로나이프라는 곳으로 미리 점찍어두었다. 연한 초록빛 실크 드레스 자락이 춤추듯 하늘거리는 오로라, 그 아래서라면 몸치인 나도 멋지게 춤을 출 수 있을 것 같다.

    하지만 이 간절하고 아름다운 숙원사업을 달성하려면 치밀한 사전작업이 필요하다. 여행 경비를 마련해야 하고 영어 공부도 해야 한다. 원고작업과 아이들은 또 어떡하지? 막상 실행에 옮기려고 보니 걸림돌이 꽤 많다. 그냥 여행프로그램으로 퉁칠까도 싶지만 한 번뿐인 인생, 오로라는 절대 양보할 수 없지!

할 수 있다면 당장 떠나고 싶다! 죽기 전에 꼭 보고 싶은 인생 소망인 만큼 마음이 달아오른다. 하지만 꿈을 즉흥적으로 실행하기에 나는 너무 '어른'이 되었다. 현실에서 책임지고 해결해야 할 일이 많다는 뜻이다. 오로라 보기는 당분간 보류하기로 한다. 비록 마음에 쏙 드는 최고의 선택은 아닐지라도 지금 이 순간이 훗날 더 좋은 선택을 위한 밑바탕이 될 거라며 나를 다독여본다.

후회 없이 떠나고 싶다면

　토토는 문지나의 그림책《버찌 잼 토스트》의 주인공이다. 벚나무 공원에서 작은 토스트 가게를 운영하며 평범한 일상을 보내는 그는 어느 날 운명의 주인공 모모를 만난다.
　버찌를 좋아하며 여행 중이라는 그녀는 여행담을 들려주며 토토와 가까워진다. 얼마 뒤, 다시 여행을 시작하는 모모는 토토에게 함께 떠나자고 말한다. 하지만 토토는 두려움 때문에 차마 그녀의 손을 잡지 못한다. 그들은 1년 뒤에 다시 만날 것을 기약하며 헤어진다.
　아! 나도 모르게 깊은 탄식이 터져 나왔다. 토토의 선택이 너무 아쉬웠다. 두 주인공의 관계가 발전되길 응원하는 마음도 있었지만, 실상은 내 욕심이 그를 통해 실현되지 못한 안타까움이 더 컸다. 토토만이라도 일상의 궤도를 벗어나 마음껏 자유를 누렸으면 하고 바랐으니까. 하지만 그날 밤 토토가 꾼 꿈은 독자의 상심을 기대감으로 바꾸어놓았다.

*

꿈속에서 토토는 목마를 타고 밤하늘을 난다. 아래로는 '미로'와 '텅 빈 회전목마'가 보인다. 미로처럼 복잡한 선택의 순간에서 토토는 일상에 머무는 길을 택했다. 하지만 그 길은 이전처럼 제자리에서 빙글빙글 맴돌며 반복되는 삶과는 다를 것이라고 예고하는 듯하다.

고개 너머 모모를 태운 빨간 버스가 보인다. 하지만 토토의 말머리는 버스와 다른 쪽으로 향하고 있다. 이 순간만큼 두 주인공은 각자의 길을 선택해 나가지만 그것을 절대 후회하지 않는다는 것을 토토의 미소에서 느낄 수 있다.

모모가 떠난 후, 슬픔과 그리움이 밀려오지만 토토는 그녀와 함께 딴 버찌로 잼을 만들며 마음을 달랜다. 맛있는 버찌 잼 토스트를 새로운 메뉴로 선보였고 가게에는 단골손님들까지 생겼다. 겉보기에는 이전과 달라지지 않은 토토의 일상이지만 그의 삶은 꿈처럼 조금씩 변하고 있었다.

*

    시간이 흘러 다시 여름이 돌아왔다. 하지만 모모는 돌아오지 않았다. 오로라를 보러 북쪽 얼음나라로 가는 중이라는 편지 한 통만이 토토에게 전해진다.

    이 시간만을 기다렸던 토토의 슬픔은 이루 말할 수 없는 것이었다. 분수대에 비친 그의 물그림자 위로 모모의 슬픈 얼굴이 어린다. 토토는 다시 한번 선택의 갈림길에 선다. 그리고 이번에는 자신이 원하는 선택을 위해 길을 떠난다.

    모모가 가고 있는 북쪽 나라로 향하는 기차에서 토토의 얼굴에는 목마를 타고 날아올랐던 꿈에서 보았던 미소가 피어 있다.

    이제 토토에게 두려움 따위는 문제가 되지 않는다. 1년이라는 시간 동안 그는 성장했다. 모모에 대한 자신의 마음을 더 분명하게 알 수 있었고, 일상을 성실하게 살면서 자신에 대한 신뢰와 확신을 가졌기 때문이 아닐까? 특히 '언제든지 돌아올 곳이 있다는 것을 기억하라'며 함께 기념사진을 찍어준 단골손님들은 그에게 큰 용기를 주었다.

*

    비록 나의 인생 소원을 성취하는 그날은 여전히 미정이지만 나는 오늘, 이 자리에서 주어진 순간에 최선을 다하려 한다.

성실하게 지금의 시간을 보내다 보면 언젠가는 두려움 없이 떠날 수 있을 거라고 토토가 내게 말해주는 것 같다. 아름다운 오로라 아래 나란히 서 있는 주인공들처럼 나도 옐로나이프의 오로라 아래 서 있는 나를 마음속에 살포시 그려본다.

살고 싶은 우리 집

《나의 독산동》

모델하우스의 로망은 접어두고

 입이 떡 벌어지는 집값과 팍팍한 대출규제가 맞물렸던 2021년 11월, 나는 '극적으로' 이사에 성공했다. 그런데 맙소사, 평수를 줄여도 대출이 필요했다! 은행 문턱을 넘을 때마다 나는 '내 집 마련의 꿈'이란 얄궂은 포스터를 노려보았다.
 '내 집 같은 소리 하네.'
 대출 창구 앞에서 마음을 졸이던 그날, 집은 자산과 능력으로 치환되는 인생의 성적표란 사실을 뼈에 새겼다.
 한때 나도 집에 대한 순수한 로망을 가지고 있었다. 동요 가사처럼 내가 커서 이다음에 어른이 되면, 우리 집에는 햇살이 잘 드는 서재 그리고 반려동물과 아이들을 위한 조그마한 마당과 이웃과 티타임을 즐길 수 있는 평상이 있을 거라고 노래했다. 가족과 이웃이 함께 어우러질 수 있는 모두의 공간이 내게는 '집'이었기 때문이다.

하지만 이 로망이 얼마나 세상 물정 모르는 철없는 소리란 말인가. 모델하우스처럼 허울 좋은 로망 따위는 접어두고, 대출 한도 내에서 조건에 맞는 매물을 구할 수 있다는 것만으로도 "땡큐!"를 외쳐야 하는 것이 대한민국 서민의 현주소다.

세상이 아닌 내가 좋은 동네

집을 구하는 과정에서 느낀 울분과 서러움을 풀어낸 곳은 결국 그림책의 품이었다. 꽤 많은 그림책이 나처럼 '집'에 대한 고민을 안고 그 의미에 대해 많은 질문을 던지고 있었다. 현실에서 위축되고 뿔난 마음이 점차 누그러질 때쯤 나는 그림책《나의 독산동》의 은이를 만났다.

유은실 작가의 유년 시절의 분신이자 책 속 주인공인 은이는 골목 문화에서 자랐던 나의 과거를 돌아보고, 내가 잊고 있던 집의 의미를 다시 한번 상기시켜주었다.

*

어느 날 은이는 학교에서 시험을 본다. '이웃에 공장이 많으면 생활하기 어떨까?'라는 문제였다. 아이는 답을 1번 '매우 편리하다'로 고른다. 하지만 틀렸다. 답은 3번 '시끄러워 살기가 나쁘다'였다. 틀린 이유를 물어보는 아이에게 선생님은 "공장이 많으면 시끄러워서 살기가 나쁘잖아. 이 동네처럼. 교과서에도 그렇게 나와 있다"라고 말한다.

선생님과 교과서가 절대적이었던 학창 시절, 나는 단 한 번도 그 가르침을 의심해본 적이 없었다. 오히려 더 열심히 알아가려 했다. 그런데 오늘 은이 선생님이 알려준 내용은 도저히 납득 불가다. 주먹을 불끈 쥔 채, 진지한 표정으로 하교하는 아이, 누군가로부터 난생처음 자신이 사는 동네가 '나쁜 동네'라는 소리를 들었으니 그 충격이 교육에 대한 나의 배신감만큼 커 보인다.

하지만 당차게 골목을 지나 동네로 향하는 아이는 전혀 풀이 죽지 않았다. 오히려 선생님도 모르고 교과서를 만든 사람도 모르는 '살기 좋은 동네'가 무엇인지 보여주기라도 하듯 그곳으로 독자를 당당하게 안내한다.

다닥다닥 마주 모여 있는 집과 공장들, 그곳에서 일하는 엄마 아빠는 틈틈이 자녀들을 돌본다. 아이들은 친구 부모님이 주신 용돈으로 아이스크림을 사서 나눠 먹으며 달콤한 추억을 만들고, 주변 공장에서 나온 재료들을 모아 세상에 둘도 없는 자기만의 장난감을 만들기도 한다.

부모님의 따스한 돌봄 아래, 친구들과 어울려 놀 수 있고, 다정한 이웃들의 보살핌을 받는 동네가 은이에게는 '가장 살기 좋은 동네'가 아닐까? 적어도 이 동네에서만큼은 그 누구도 상대적 박탈감이나 구분 짓기로 소외되지 않는다. 집 때문에 여러 가지 조건을 고려해야 했던 나는 문득 나에게 살기 좋은 동네란 어떤 곳인지 다시 생각해보았다.

반공 글짓기상 앞에 자신의 틀린 시험지를 자랑스럽게 끼워 넣은 은이를 보며 새로 이사한 우리 집을 둘러보았다. 이 집으로 이사 오면서 미처 하지 못했던 이곳의 의미를 그제야 떠올려 보았다.

아닌 척했지만 나 역시 속물이었다. 세상이 따지는 좋은 집에 대한 조건을 원하지 않았다면 거짓말일 것이다. 하지만 적어도 은이와의 만남 이후, 한 가지는 마음에 확실히 새겨넣었다. 집은 사람의 행복을 위한 '삶의 공간'이라고. 이사한 새집에서 나는 어떤 모습으로 살지, 나의 발길이 닿는 이 동네에서 어떤 이야기를 펼쳐갈지 기대해보기로 했다. 아파트 이름이나 평수, 주변 인프라가 아닌 나의 기준에서 살기 좋은 집을 살아가면서 만들어보자고 말이다.

 할 수 있다면 나는 은이를 우리 집으로 초대하고 싶다. 그리고 새로운 보금자리에서 펼쳐질 소소한 행복과 만족에 대해 이야기 나눠보면 좋겠다.

에필로그

우리는 모든 계절
그림책과 함께 걸었다

 그림책과 함께 걸었던 지난 계절은 우리를 좀 더 깊이 있는 사람으로 만들었다. 서로 다른 시선으로 그림책을 나누면서 우리의 내면과 외면은 더 옹골지고 단단해졌다.

 사랑은 사람을 성장하게 하는 묘한 힘이 있다. 그림책에 빠진 덕분에 삶의 주어가 내가 아니었던 우리의 일상에도 변화가 찾아왔다. 한랭전선이 주도하던 감정 일기에도 온난전선이 찾아와 머무르기도 했다. 버겁고 에너지 소모가 컸던 자녀와의 관계에 기초체력이 회복되고, 정신적 근력들이 서서히 힘을 받아가고 있다.

 그림책을 탐독하는 눈도 깊어졌다. 다양한 콘텐츠에 대한 스펙트럼도 생겼다. 매너리즘에 빠져 시들했던 글쓰기에서도 탈

피가 시작됐음은 물론이다. 끝없이 흔들릴 것만 같았던 마흔의 삶은 그렇게 조금씩 단단하게 뿌리내리는 중이다.

*

  한없이 부족한 두 사람에게 보내준 많은 사람의 아낌없는 지지와 성원, 그리고 애정을 또렷이 기억한다. 뒤에서 묵묵히 지켜봐준 선한 지원군들에게 진심으로 감사한 마음을 전한다.

  먼저 조용하고 굳은 응원을 보내주신 이야기공간 유지서 대표님과 신경범 마케터님에게 감사를 전한다. 두 분의 지속적인 응원이 큰 힘이 됐다. 깊어가는 밤까지 작업할 수 있는 아지트가 되어준 호산나에도 각별한 마음으로 인사를 남긴다. 샬롬.

  이동미의 든든한 남편 노인규, 유치한 엄마를 오히려 키워내는 쌍둥이 남매 노은수와 노윤수, 박세리의 성실한 남편 김선근, 사랑스러운 달달한 콩알이 김다인에게 사랑한다는 말을 전한다. 무수한 밤, 아내와 엄마의 부재를 견딘 그들의 따뜻한 기다림이 있어 이 책에 마침표를 찍을 수 있었다. 그대들 덕분이다.

*

  지금도 우리는 여전하다. 글 쓰는 사람, 살림과 육아하는 사람, 공부하는 사람 등 여러 이름의 경계에서 비틀거리기도 하지만 예전처럼 주저앉지 않는다. 기회가 닿을 때마다 사람들과 그림책을 나누고 일상의 틈에서 그림책을 만난다.

  사는 게 힘에 부칠 때 우리는 그림책에 기대어 때로는 숨 고르기를 하고 때로는 충만한 위로를 받는다. 우리에게 유효했던 그림책의 위안이 당신에게도 그러하기를 소원한다.

  그림책과 삶 사이의 오솔길에서 부디 평안하기를.

  우리의 바람이 이 책을 타고 그대에게 닿기를.

박세리

이동미

부록

함께 보면 좋을 그림책 100권

Part 1
관계 / 소통 / 균형 / 선의

《감기 걸린 물고기》 박정섭 글그림, 사계절, 2016.

《거북아, 뭐 하니?》 최덕규 글그림, 푸른숲주니어, 2015.

《곰과 새》 김용대 글그림, 길벗어린이, 2020.

《균형》 유준재 글그림, 문학동네, 2016.

《그냥 산》 레베카 구거·사이먼 뢰슬리스베르거 글그림, 서희준 옮김, 계수나무, 2022.

《내가 너를 보살펴 줄게》 마리아 로레타 기랄도 글·니콜레타 베르텔레 그림, 이정자 옮김, 이야기공간, 2022.

《내가 라면을 먹을 때》 하세가와 요시후미 글그림, 장지현 옮김, 고래이야기, 2019.

《다른 사람들》 미안 글그림, 고래뱃속, 2019.

《달리기》 나혜 글그림, 이야기꽃, 2019.

《도시에 물이 차올라요》 마리아 몰리나 글그림, 김지은 옮김, 위즈덤하우스, 2022.

《두근두근》 이석구 글그림, 고래이야기, 2015.

《미움》 조원희 글그림, 만만한책방, 2020.

《밀어내라》 이상옥 글·조원희 그림, 한솔수북, 2019.

《안을 보면 밖을 보면》 안느-마르고 램스타인·마티아스 아르귀 글그림, 웅진주니어, 2019.

《여우》 마거릿 와일드 글·론 브룩스 그림, 강도은 옮김, 파랑새어린이, 2012.

《완벽해》 맥스 아마토 글그림, 이순영 옮김, 북극곰, 2019.

《이상한 나라의 그림사전》 권정민 글그림, 문학과지성사, 2020.

《이 선이 필요할까?》 차재혁 글·최은영 그림, 노란상상, 2020.

《이웃과 함께한 멋진 하루》 줄리아 듀랑고 글·비앙카 디아즈 그림, 이동준 옮김,

고래이야기, 2019.

《작은 친절》팻 지틀로 밀러 글·젠 힐 그림, 이정훈 옮김, 북뱅크, 2019.

《잘 가》고정순 글그림, 웅진주니어, 2022.

《파란 공이 나타났다》스티브 앤터니 글그림, 김세실 옮김,

    을파소(21세기북스), 2020.

《푸른 날개 어니스트》소피 길모어 글그림, 이주혜 옮김, 창비, 2021.

《핑!》아니 카스티요 글그림, 박소연 옮김, 달리, 2020.

《4998 친구》다비드 칼리 글·고치미 그림, 나선희 옮김, 책빛, 2019.

Part 2
육아 / 공감 / 기다림 / 믿음

《괜찮아, 방법이 있어》강밀아 글·김효찬 그림, 월천상회, 2019.

《괜찮아?》김성희 글그림, 브와포레, 2017.

《구름보다 태양》마시 캠벨 글·코리나 루켄 그림, 김세실 옮김, 위즈덤하우스, 2022.

《길 떠나는 너에게》최숙희 글그림, 책읽는곰, 2020.

《나는 강물처럼 말해요》조던 스콧 글·시드니 스미스 그림, 김지은 옮김,

    책읽는곰, 2021.

《날아라, 꼬마 지빠귀야》볼프 에를브루흐 글그림, 김경연 옮김, 웅진주니어, 2006.

《나의 붉은 날개》김민우 글그림, 노란상상, 2021.

《내가 가장 듣고 싶은 말》허은미 글·조은영 그림, 나는별, 2021.

《내가 잘하는 건 뭘까?》유진 글그림, 빨간콩, 2021.

《내 새는…》크리스티앙 드미이 글·마를렌 아스트리에 그림, 이나무 옮김,

    이숲아이, 2020.

《내 차를 운전하기 위해서는》 채인선 글·박현주 그림, 논장, 2021.

《너는 나의 모든 계절이야》 유혜율 글·이수연 그림, 후즈갓마이테일, 2022.

《루이의 특별한 하루》 세바스티앙 무랭 글그림, 박정연 옮김, 진선아이, 2021.

《모르는 게 더 많아》 윤구병 글·이담 그림, 휴먼어린이, 2010.

《비 오는 날의 소풍》 가브리엘 뱅상 글그림, 햇살과나무꾼 옮김, 황금여우, 2015.

《상자 속 친구》 이자벨라 팔리아 글·파올로 프로이에티 그림, 김지연 옮김, 이야기공간, 2021.

《아름다운 실수》 코리나 루켄 글그림, 김세실 옮김, 나는별, 2018.

《어려워》 라울 니에토 구리디 글그림, 문주선 옮김, 미디어창비, 2021.

《엄마 아빠랑 난 달라요》 안 에르보 글그림, 라미파 옮김, 한울림어린이, 2021.

《완두》 다비드 칼리 글·세바스티앙 무랭 그림, 이주영 옮김, 진선아이, 2018.

《은행나무 열매》 미야자와 겐지 글·오이카와 겐지 그림, 박종진 옮김, 여유당, 2020.

《있는 그대로가 좋아》 국지승 글그림, 시공주니어, 2008.

《초록 거북》 릴리아 글그림, 킨더랜드, 2021.

《파도가 차르르》 맷 마이어스 글그림, 김지은 옮김, 창비, 2020.

《혼나기 싫어요!》 김세실 글·폴린 코미스 그림, 나무말미, 2021.

Part 3
나 / 정체성 / 자존감 / 회복

《기린은 너무해》 조리 존 글·레인 스미스 그림, 김경연 옮김, 미디어창비, 2019.

《나는 나의 주인》 채인선 글·안은진 그림, 토토북, 2010.

《나는 돌입니다》 이경혜 글·송지영 그림, 문학과지성사, 2019.

《나는 빵점!》 한라경 글·정인하 그림, 토끼섬, 2021.

《난 나와 함께 갈 거야》 라켈 디아스 레게라 글그림, 정지완 옮김, 썬더키즈, 2020.
《난 나의 춤을 춰》 다비드 칼리 글·클로틸드 들라크루아 그림, 이세진 옮김,
　　모래알(키다리), 2021.
《난 내가 좋아》 낸시 칼슨 글그림, 신형건 옮김, 보물창고, 2007.
《내가 잘하는 건 뭘까?》 유진 글그림, 빨간콩, 2021.
《내 이름은… 라울》 앙젤리크 빌뇌브 글·마르타 오르젤 그림, 정순 옮김,
　　나무말미, 2022.
《너의 특별한 점》 이달 글·이고은 그림, 달달북스, 2021.
《누가 진짜 나일까?》 다비드 칼리 글·클라우디아 팔마루치 그림, 나선희 옮김,
　　책빛, 2017.
《더 높은 곳의 고양이》 이주혜 글그림, 국민서관, 2019.
《도시 악어》 글라인·이화진 글·루리 그림, 요요, 2022.
《메이시의 거울》 애덤 치치오 글·게어티 자케 그림, 한소영 옮김, 시원주니어, 2020.
《민들레는 민들레》 김장성 글·오현경 그림, 이야기꽃, 2014.
《빗방울이 후두둑》 전미화 글그림, 사계절, 2016.
《빨강》 마이클 홀 글그림, 김하늬 옮김, 봄봄출판사, 2017.
《안나는 고래래요》 다비드 칼리 글·소냐 보가예바 그림, 최유진 옮김,
　　썬더키즈, 2020.
《오늘은 오늘의 플리에부터》 김윤이 글그림, 한울림어린이, 2021.
《용이지만 괜찮아!》 리사 시핸 글그림, 고정아 옮김, 아르볼, 2022.
《중요한 사실》 마거릿 와이즈 브라운 글그림, 최재숙 옮김, 보림, 2005.
《진정한 챔피언》 파얌 에브라히미 글·레자 달반드 그림, 이상희 옮김,
　　모래알(키다리), 2019.
《치킨 마스크》 우쓰기 미호 글그림, 장지현 옮김, 책읽는곰, 2008.

《파랗고 빨갛고 투명한 나》 황성혜 글그림, 달그림(노란돼지), 2019.

《L부인과의 인터뷰》 홍지혜 글그림, 엣눈북스, 2018.

Part 4
성장 / 세상 / 가능성 / 상상력

《곰과 피아노》 데이비드 리치필드 글그림, 김경미 옮김, 재능교육, 2016.

《근육 아저씨와 뚱보 아줌마 : 숲》 조원희 글그림, 사계절, 2022.

《나도 사자야!》 에드 비어 글그림, 서남희 옮김, 주니어RHK, 2020.

《노를 든 신부》 오소리 글그림, 이야기꽃, 2019.

《대답 없는 AI》 이수연 글·김소라 그림, 발견(키즈엠), 2022.

《루빈스타인은 참 예뻐요》 펩 몬세라트 글그림, 이순영 옮김, 북극곰, 2014.

《뭐 신나는 일 없을까?》 피터 스피어 글그림, 연우 옮김, 비룡소, 2022.

《빨강이 어때서》 사토신 글·니시무라 도시오 그림, 양선하 옮김, 내인생의책, 2012.

《선물》 페이지 추 글그림, 이정주 옮김, 우리학교, 2021.

《순간 수집가》 크빈트 부흐홀츠 글그림, 이옥용 옮김, 보물창고, 2021.

《식당 바캉스》 심보영 글그림, 웅진주니어, 2019.

《쓰레기통 요정》 안녕달 글그림, 책읽는곰, 2019.

《엘리베이터》 야엘 프랑켈 글그림, 김세실 옮김, 후즈갓마이테일, 2021.

《오늘 상회》 한라경 글·김유진 그림, 노란상상, 2021.

《오늘의 식탁에 초대합니다》 펠리치타 살라 글그림, 권지현 옮김, 씨드북, 2019.

《오, 미자!》 박숲 글그림, 노란상상, 2019.

《우리의 오두막》 마리 도를레앙 글그림, 이경혜 옮김, 재능교육, 2021.

《우리의 이야기는 반짝일 거야》 마달레나 모니스 글그림, 오진영 옮김,

문학동네, 2020.
《우산을 쓰지 않는 시란 씨》 국제앰네스티·다니카와 슌타로 글·이세 히데코 그림,
    김황 옮김, 천개의바람, 2017.
《위를 봐요!》 정진호 글그림, 현암주니어, 2014.
《인생은 지금》 다비드 칼리 글·세실리아 페리 그림, 정원정·박서영(무루) 옮김,
    오후의소묘, 2021.
《작은 틈 이야기》 브리타 테켄트럽 글그림, 김하늬 옮김, 봄봄출판사, 2020.
《친절한 행동》 재클린 우드슨 글·E. B. 루이스 그림, 김선희 옮김, 북극곰, 2022.
《파리의 작은 인어》 루시아노 로사노 글그림, 박재연 옮김, 블루밍제이, 2022.
《프레드가 옷을 입어요》 피터 브라운 글그림, 서애경 옮김, 사계절, 2022.

참고 문헌 및 자료

국내서

- 김영아, 《내 마음을 읽어주는 그림책》, 사우, 2018.
- 문요한, 《관계를 읽는 시간》, 더퀘스트, 2018.
- 서천석, 《그림책으로 읽는 아이들 마음》, 창비, 2015.
- 이보연, 《첫째 아이 마음 아프지 않게, 둘째 아이 마음 흔들리지 않게》, 교보문고, 2018.
- 이성엽, 《그림책, 해석의 공간》, 마루벌, 2014.
- 이임숙, 《아이의 방문을 열기 전에》, 창비, 2019.
- 최윤정, 《슬픈 거인》, 바람의아이들, 2017.
- 현은자 외 3인, 《그림책의 그림읽기》, 마루벌, 2016.

번역서

- 가타마 다마미 지음, 노경아 옮김, 《왜 화를 멈출 수 없을까?》, 생각정거장, 2016.
- 로렌 샌들러 지음, 이주혜 옮김, 《똑똑한 부모는 하나만 낳는다》, 중앙M&B, 2014.
- 루키우스 안나이우스 세네카 지음, 김경숙 옮김, 《화에 대하여》, 사이, 2013.
- 마리아 니콜라예바·캐롤 스콧 지음, 서정숙·고선주·송정 옮김, 《그림책을 보는 눈》, 마루벌, 2011.
- 마셜 B. 로젠버그 지음, 캐서린 한 옮김, 《비폭력 대화》, 한국NVC센터, 2017.
- 마틴 솔즈베리·모랙 스타일스 지음, 서남희 옮김, 《그림책의 모든 것》, 시공아트, 2012.
- 유리 슐레비츠 지음, 김난령 옮김, 《그림으로 글쓰기》, 다산기획, 2017.

- 앤절린 밀러 지음, 이미애 옮김, 《나는 내가 좋은 엄마인 줄 알았습니다》, 윌북, 2020.
- 존 브래드쇼 지음, 오제은 옮김, 《상처받은 내면아이 치유》, 학지사, 2004.
- 페리 노들먼 지음, 김상욱 옮김, 《그림책론》, 보림, 2011.
- 페터 볼레벤 지음, 장혜경 옮김, 《나무수업》, 위즈덤하우스, 2016.

논문

- 경혜란, 〈외동아와 형제아의 사회성과 자기효능감이 학교적응에 미치는 영향〉, 연세대학교 교육대학원, 2010.
- 나선희, 〈그림책 면지와 서사의 관계: 한국 그림책을 중심으로〉, 건국대학교 동화와번역연구소, 2010.
- 최승은, 〈판타지 그림책 연구: 환상과 현실의 관계를 중심으로〉, 중앙대학교 대학원, 2014.

기사

- 연합뉴스, 〈"외동은 이기적이라고요?"〉
- 헬스조선, 〈외동아이에 관해 잘못 알고 있는 것〉
- BBC NEWS 코리아, 〈BTS: 분석심리학의 아버지인 칼 융이 방탄소년단의 새 앨범에 미친 영향〉

기타 자료

- 오은영의 버킷리스트, 〈자기 주도성 이 영상 하나면 해결!〉
- Art insider, 〈Two-In-One Wire Sculptures Are Totally Mind-Bending〉

그림책 꽃이 피었습니다
아이에게 읽어주다 위로받은 그림책

초판 1쇄 발행 2022년 11월 1일
초판 2쇄 발행 2023년 3월 9일

지은이 박세리 · 이동미
펴낸이 유지서

펴낸곳 이야기공간 **출판등록** 2020년 1월 16일 제2020-000003호
주소 서울특별시 마포구 독막로 10, 606호 (합정동, 성지빌딩)
전화 070-4115-0330 **팩스** 0504-330-6726
이메일 story-js99@nate.com
블로그 blog.naver.com/story_js2020
인스타그램 https://www.instagram.com/the_story.space/
유튜브 https://www.youtube.com/channel/UCGc7DD4pxilIHPBU-b-kX5Q
이야기공간스토어 https://smartstore.naver.com/storyspace

편집 김진희, 홍지회
일러스트 문현정 **디자인** 씨오디
마케팅 김영란, 신경범, 우이, 육민애
경영지원 카운트북 countbook@naver.com
인쇄·제작 미래피앤피 yswiss@hanmail.net
배본사 런닝북 runrunbook@naver.com
전자책 제작 롤링다이스 everbooger@gmail.com

ⓒ 2022, 박세리 · 이동미

ISBN 979-11-977690-4-7 (03810)

* 이 책은 저작권법에 따라 보호를 받는 저작물이므로 무단 전재와 무단 복제를 금합니다.
* 책값은 뒤표지에 있습니다.
* 파본은 구입하신 서점에서 교환해 드립니다.